理才丛书 —— 人才互联的力量　　　　丛书主编：黄树辉

能力管理

——铸造人才竞争力

陈　谏
黄树辉　◎ 著

企业管理出版社
ENTERPRISE MANAGEMENT PUBLISHING HOUSE

图书在版编目（CIP）数据

能力管理：铸造人才竞争力 / 陈谏，黄树辉著 .—北京：

企业管理出版社，2016.1

（理才丛书 . 人才互联的力量）

ISBN 978-7-5164-1159-9

Ⅰ . 能… Ⅱ . ①陈…②黄… Ⅲ . ①企业管理—人力资源

管理 Ⅳ . ① F272.92

中国版本图书馆 CIP 数据核字（2015）第 309624 号

书 名：能力管理——铸造人才竞争力

丛书主编：黄树辉

作 者：陈 谏 黄树辉

责任编辑：刘一玲 崔立凯

书 号：ISBN 978-7-5164-1159-9

出版发行：企业管理出版社

地 址：北京市海淀区紫竹院南路 17 号 邮 编：100048

网 址：http://www.emph.cn

电 话：总编室 68701719 发行部 68414644 编辑部 68701322

电子信箱：80147@sina.com zbs@emph.cn

印 刷：虎彩印艺股份有限公司

经 销：新华书店

规 格：710 毫米 × 1000 毫米 16 开本 10 印张 150 千字

版 次：2016 年 1 月第 1 版 2016 年 1 月第 1 次印刷

定 价：42.00 元

丛 书 序

基于人力资源管理思维的"以人为本、人力资本"的概念，很多年前就被提及与重视，并为众多管理者所推崇。

然而，时至今日，能够实现"以人为本、人力资本"的企业却寥寥无几。大家都在"以人为本、人力资本"的旗帜下继续着"人力管理"的旧路。

目前市场上流行的人力资源管理信息系统，其设计思路基本上来源于：

- 中国传统的行政、人事型的事务性管理方式；
- 西方人力资源管理的选、育、用、留理论体系；
- 办公自动化（流程）与数据库管理的信息技术。

近几年，不管是人力资源管理的业务模式，还是信息技术的实现方法，均发生了巨大的变化。于是，业界试图用最先进的技术设计出最优秀的人力资源信息化系统。虽然人力资源信息化系统正在业界的共同努力与探索下日趋完善，为管理者带来了方便，为企业带来了效益，但始终没有突破上述设计思路，只是从技术手段、内容模块、管理需求等方面进行了大量改良，而与大家理想中的"以人为本、人力资本"相差甚远。

随着云计算、移动互联等新技术、新应用几乎渗透到每个角落，人力资源信息化领域被掀起一阵狂澜。在实际管理与信息系统范围内，"云平台、云管理、云应用"等概念与产品铺天盖地，结果却让人眼花缭乱、云里雾里。

为什么对人才的管理仍然举步维艰？为什么现代技术对人力资源管理的积极影响有限？

我们认为主要是下述原因：

● 重"管理"。对人、人事、人力资源等对象，特别重视施行管理，这样导致对人力资源管理领域的运营模式墨守成规。

● 重"技术"。当一切管理进入数字化信息时代，大家过于重视通过技术手段来实现对人力资源业务的管理，这样就造成了本末倒置，让人力资源业务管理处处受制于相对固化、滞后的人力资源信息产品。

如何突破"管理"的枷锁？如何突破"技术"的瓶颈？

这些年我们一直在思考、探索与研究中西方人力资源管理领域的典型案例、衍化过程、发展趋势，并不断论证与实践。

随着时代的发展，社会变了、环境变了、人文变了、技术变了，人力资源管理也需改变。本着与同行分享与交流之目的，我们把对人力资源管理领域的浅薄见解整理成系列丛书，供大家参阅。

一、丛书核心思想

丛书的核心思想就是突破"管理"枷锁，通过"理才"方式淡化"管人"习惯，借助云计算技术，实现理才运营的移动互联，最终全面突破原有人力资源管理领域的业务与应用的模式，在新商业模式中探索一系列新的策略、工具与方法。

● 理才。改变过去"管人"的理念、行为与机制，提出"理才"的思想，以实现"以人为本、尊重人才"，挖掘、盘活、发挥人才的潜能与价值，"人才价值、人才增值、价值变现"是贯穿丛书的主线。

● 互联。一是实现人力资源管理领域内各模块间的业务关系的互联；二是以企业业务价值链为基础，通过领域、行业、外部业务关系寻找各种团队形成、发展的属性，实现团队各层次管理和运营的互联。

● 颠覆。一是对在人力资源管理领域的业务模式进行创新、突破；二是对人力资源管理信息系统的设计、应用与发展趋势进行大胆的预测、颠覆。

二、丛书内容简介

从书围绕"理才、互联、颠覆"之核心思想，以"人才价值、人才增值、价值变现"为主线，分为"理才布局、任职资格、能力管理、聚才增值、碎片式学习、卓越绩效、精准薪酬、企业团队与文化、人才互联的力量"等九个主题展开论述，各主题的内容简介如下：

1. 理才布局

剖析企业在进行人力资源规划时陷入"无规划有计划、有规划无效果、无规划无计划"的误区与存在的苦恼，突破业界关于人力资源管理的定式与局限，进而提出更为彻底、更为专业、更为有效的人才运营理念、模式与方法。

理才布局，通过突破"管人"、强调"理才"、聚焦"资本"、变现价值、打造合作、借力互联等核心思想，提出"提高度、绘蓝图、定策略、布人才、建模型、设平台"等六大布局。从理才业务蓝图、人才资本、人才编制、人才成本、数据模型等方面进行全面、系统的分析与阐述，并紧密结合云计算技术、移动应用、互联模式，打造全新的理才信息化互联平台与应用。

2. 任职资格

当前各种各样的任职资格标准共同的缺陷就是来源于看似深

奥实为呆板的能力素质模型，以此针对职位要求、人才水平进行评估，必然导致结果抽象、复杂、形式化，让投入很多精力、时间、成本的任职资格管理收效甚微。

任职资格管理，通过分析人才价值，形成人才价值链，结合企业核心业务的分解，提炼出最为基本的工作项，然后将相对长期、固定、类似的工作项组成具体职位，再根据工作项的任职要求，形成任职资格标准体系，并按照标准进行管理和评估。这种管理创新，既解决了任职资格标准与评估的依据，也改变了目前"以岗定责""先挖坑再种萝卜""有能力无价值"的定式，代之以"以工作项定职位""先有萝卜再挖坑""由价值评估能力"。

3. 能力管理

时下的能力管理，主要聚焦于能力素质标准设计与能力水平的评估，但在实际应用中，它又显得如此无能为力。主要由于能力素质标准与实际业务要求并不匹配，能力提升的布局与企业发展脱钩，人才的能力水平难以客观、准确地评估，人才能力的获取方法太单调、途径过于封闭。

能力管理，超越传统的能力素质定位，从培养、获取人才竞争力的高度，通过人才突出能力超越值分析、团队成员缺乏能力分析、未来业务发展趋势分析，挖掘与发挥人才潜力，引入人才竞争力与投资回报率评估，设计标准的人才竞争力测量模型，最终形成人才能力指标，指导人才与团队竞争力的布局。这便于企业在核心业务或工作项发生变化时，提前部署适应这种多元变化的复杂团队组合。

4. 聚才增值

企业招不到人才，人才找不到工作，似乎是人才需求与市场供给永恒的尴尬。是一成不变的人才招聘与甄选方式有问题，或是人才的评估与培养没效果，还是人才的使用与配置不合理？

聚才增值，立足于人才的价值性，引入人才投资理念，根据企业对人才的投入，以及对人才自身价值增长的预测，指导人才的获取。投资式人才获取，通过把工作项与任职要求关联，把工作项与职位关联，进而把任职要求与职位关联，最终实现工作项、职位与人才的多重匹配。在这个多重匹配的基础上，针对人才当前的价值进行评估，预测人才的价值增长情况，然后得出企业投资人才所产生的人才本身的增值与企业收益，并根据不同人才的优势挖掘，形成团队的最佳组合。

5. 碎片式学习

"食之无味，弃之可惜"是很多企业对培训的第一感觉。业务部门说浪费时间，老板说花钱不见效果，培训部门则做也不是、不做也不是，如两头受气的小媳妇。那种传统课堂和被迫式的学习，越来越众口难调。随着时代、社会的变化，人们也在变化，"心情浮躁、目的功利、文化快餐、竞争激烈、身心疲惫"反映了人们生活与工作中的心态、行为与习惯所受到的影响。

碎片式学习，借助移动互联的平台与应用，提出碎片式的学习方法，即把培训体系、培训活动、培训课程碎片化，学习内容、学习时间、学习方式碎片化，通过微课堂、微社区、微信、微博等新兴的互联短片与快餐，突破时空限制，达到个性化、团队化、移动化的自我修炼与成长。

6. 卓越绩效

在整个管理界，能够动人心弦的，莫过于声势浩大的绩效管理了。然而，绩效管理到底能为企业带来什么？绩效管理的方法是否合理？这些问题越来越引发管理界的深思与探究。

卓越绩效，根据企业经营业务的核心价值领域、核心价值指标进行分析，设计企业价值模型，形成企业价值链。然后根据经济增加值在业绩评估体系中如何实现，在投资回报预测的范畴内，考虑人才、团队能力的增加值，划分出不同业务策略实现的途径，并通过业绩、差距分析来回归业务策略的科学性、合理性。通过"27相业绩结果"应用模型与方格分析，进行个人与团队的全面业绩与价值评估，最终实现企业与个人合作共赢的卓越绩效。

7. 精准薪酬

企业的低成本意识和员工的高待遇期望仿佛永远无法平衡。"稳定"的工作和"满意"的待遇相信是绝大多数员工的追求，但如何评判"满意"，达到什么样的薪酬水平员工才能满意，员工满意了企业是否满意，都是摆在我们面前的问题。

精准薪酬，以人才价值贡献、企业投资收益为核心，剖析企业经济增加值与个人收益、成长、环境之间的关系，结合不同人才、不同工作项的差异点、优势点，设计对应的收益分配模式、特殊激励模式，并分析、对比与指导多种、全面、精准的薪酬分配与激励模式在不同的行业、发展阶段、管理环境中具体运用。

8. 企业团队与文化

不管是什么组织类型，似乎永远满足不了企业的发展与变化；不管是什么企业文化，似乎一直是那么"高大上"而不接地气。于是，组织的调整与文化的变革成了企业长期以来需要投入大量精力与时间的活动。

企业团队与文化，通过多象限组织、拉力式组织的形式，彻底颠覆组织结构的设计思路，打造企业团队，走出目前组织低效的困境。当企业组织变成企业团队后，带有新时代特点的企业社区企业文化，涵盖了社会环境对企业文化的冲击，企业所在行业的情况对企业文化的影响，企业投资者和具有实际控制权的高管们对企业文化留下的烙印，不同年代的员工因成长经历、阅历与个性的差异对企业文化的不同理解；阐述了传统观念与现代理念的融合，中华智慧与西方管理思想的融合，不同团队、企业重组带来的不同行事风格的融合，企业高层、中层、基层之间的融合。

9. 人才互联的力量

在云计算技术日益成熟、移动应用成为趋势、互联模式无所不在的今天，颠覆传统的人力资源管理信息化系统，打造全新的理才信息化互联平台与应用，是必然的发展趋势。

人才互联的力量，借力互联，通过技术互联、平台互联、应用互联，实现人才工作方式的弹性化、碎片化，达到史无前例的人才信息互联，形成庞大、真实的人才大数据。在人才大数据的基础上，真正实现从"管人"到"理才"、从"使用"到"运营"、从"资源"到"资本"、从"成本"到"价值"的转变。

三、读者群体

丛书主要适合各类企业中从事人力资源管理的各层级人员、带领团队的各层级管理人员阅读，可供人力资源管理相关专业类院校的师生研习，也可供政府、事业单位的工作者参考。

四、结　语

本拙作，虽然倾注了我们著书团队的智慧与心血，但可能还存在一些问题与疏漏，就当作抛砖引玉，恳请同行们批评指正，期待后续同行们为我们带来更多的智慧。

我们的研究有幸起源于这个商业模式的时代，"以人为中心"

的互联网经济将促使我们采用创新的、跨界的、更加专业的思维来调整我们的管理体系，任何困惑与质疑都阻挡不了这个趋势，我们一直在路上。

陈谏　黄树辉

2015 年 10 月

前　言

关于人的管理，从人事管理到人力资源管理，从人力资源管理到人力资本管理，包括管理的思维、策略、手段、方法、范畴、对象和焦点等，均在发生巨大的改变。

关于人的定位，从人力到人才、从资源到资本，不断诠释着人在企业经营中的重要性，而"人才"更在企业经营中发挥着举足轻重的作用。

在瞬息万变、信息爆炸的时代，云计算技术日益成熟，移动互联无处不在，大数据横空出世，人才成就与主宰了这些天翻地覆的变化。

企业经营的布局、市场资源的竞争、产业技术的革命、商业模式的颠覆，一系列的商业活动，都由人才发起，也由人才展开各种智慧的较量。

于是，企业的兴、衰、存、亡，不再是资金独占鳌头、不再是市场独定乾坤。翻云覆雨间，是人才跨越了定式、跨越了时空、跨越了边界；是企业根据人才的思想、行为、习惯、能力、素质对人才进行不同的职业定位，以互联平台、理才运营的方式实现了人才的不同价值。而企业与企业之间、企业与人才之间、人才与人才之间却通过一条共同的价值链实现了大融合、大互联。

在这种大背景下，本书突破传统的能力素质模型、胜任力模型等理论与实践，深入剖析人才能力的本质与影响因素，更加客观地阐述了能力的相关性、相对性，以及能力与资历、学历、学力、权力、动力等关系。

　　书中对人才能力分为三大组成，即职业能力、个人能力与团队能力，探索出"以职业能力为依据、以个人能力为核心，以团队能力为目标"的全新能力分析模型。因此，"从个体价值通过'有用、可用、有效'的漏斗效应，成为职业价值，从某个个体与某种职业的漏斗模型，聚合成为团队价值"的全新能力价值衡量模型。书中提出能力管理最重要的理念就是挖掘潜能力、发挥优势、扬长避短，最终目的是把人才能力转化为竞争力，进而转化为可变现的资本。

　　虽然本书对能力管理的相关理论、模型提出一些新的思考，但我们仍感有很多不足。权当抛砖引玉，期望此书可以激起读者与同行们跳出以往的框架，对人才能力进行更加深入地探索。

目　录

第三部分　人才能力大爆炸

第四部分　附　文

第一部分　揭开能力的面纱

时下的能力素质模型，主要聚焦于能力标准设计与能力水平的评估，但是在实际应用中，它又显得如此无能为力。

我们经常会对人进行评头论足，诸如张三很有能力，李四没有能力，王五的能力一般。但什么是能力？什么样的程度才算有能力？张三的能力、李四的能力、王五的能力是同一可比性的概念吗？

我们说张三很有能力，是因为他精明、干练，做事有条有理，一点就通，从来不误事，可以放心地委以重任。

我们说李四没有能力，是因为他做事总是心不在焉，且常常出错，结果不被上级领导认可，然而他在同事中的口碑却相当好。

我们说王五的能力一般，是因为他只会埋头苦干，从来没有任何企图与追求。

……

第一章　能力之内力不从心

谈到能力，大家自然立马联想到业界流行与通用的能力素质模型、胜任力模型、九型人格等方法与工具，多数较有管理基础的企业也沿用这些方法应用于职员等级评定中。但对于能力这个无比抽象的概念，流行与仿照之后，均没有什么突破与效果，于是业界就陷入了"没有能力管理总觉得缺少了点什么，有能力管理却不知得到了点什么"的困境。

那么，关于能力之说，能力素质可以诠释能力的全部吗？能力的水平能够准确衡量吗？能力的培养容易达成吗？

一、能力素质难以说清

1973 年，麦克里兰博士在《美国心理学家》杂志上发表一篇文章："Testing for Competency Rather Than Intelligence。"文中，他引用大量的研究发现，说明滥用智力测验来判断个人能力的不合理性。并进一步说明人们主观上认为能够决定工作成绩的一些人格、智力、价值观等方面因素，在现实中并没有表现出预期的效果。因此，他强调要离开被实践证明无法成立的理论假设和主观判断，回归现实，从第一手材料入手，直接发掘那些能真正影响工作业绩的个人条件和行为特征，为提高组织效率和促进个人事业成功做出实质性的贡献。他把这种发现的，直接影响工作业绩的个人条件和行为特征称为能力素质。这篇文章的发表，标志着能力素质运动的开端。

以麦克里兰教授为首的研究小组，经过大量深入研究发现，传统的学术能力和知识技能测评并不能预示工作绩效的高低和个人职业生涯的成功。而且，上述测评方法通常对少数民族、妇女和社会较低阶层人士不尽公平。同时，他们发现从根本上影响个人绩效的是诸如"成就动机""人际理解""团队领导""影响能力"等一些可称为能力素质的东西。小组又进一步将其明确定义为："能区分在特定的工作岗位和组织环境中杰出绩效水平和一般绩效水平的个人特征。"

能力素质是个体的一种潜在特质，它与一个人在工作中或某一情境中所表现出的与绩效关联的有效的或高绩效的行为有着明显的因果关联。简单地说，它可以预测一个人在一般的、常见的情境下和在一个持续的、特定的时期内的行为方式、思维方式。

能力素质模型则是指担任某一特定的任务角色，所需要具备的能力素质的总和。

然而，尽管能力素质的理论体系不断地发展，应用推广不断地深入，能力素质标准与实际业务要求是否匹配？能力提升的布局与企业发展有没脱钩？为此，针对50名专业顾问、200名HR人士、1000名企业员工进行关于能力素质模型的可信度抽样调查，结果如下（见表1-1、图1-1至图1-3）。

调查问题：现有的能力素质模型（含能力素质分类、分级与定义），是否可以完整、准确地对人们真实的能力素质进行描述？

表 1-1 能力素质可信度调查数据

抽样群体	专业可信	有些模糊	并不清楚	无法判断	样本量
专业顾问	46	28	18	8	100
HR人士	57	65	31	47	200
企业员工	134	218	257	391	1000

专业顾问

有些模糊
28%

并不清楚
18%

无法判断
8%

专业可信
46%

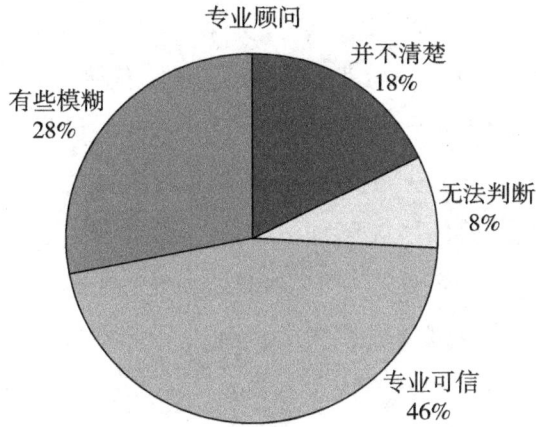

图 1-1　专业顾问调查结果

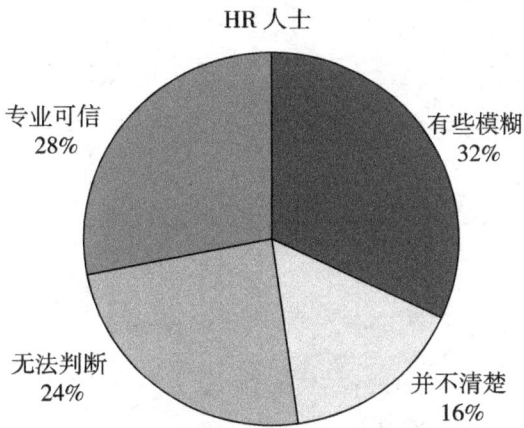

HR 人士

专业可信
28%

有些模糊
32%

无法判断
24%

并不清楚
16%

图 1-2　HR 人士调查结果

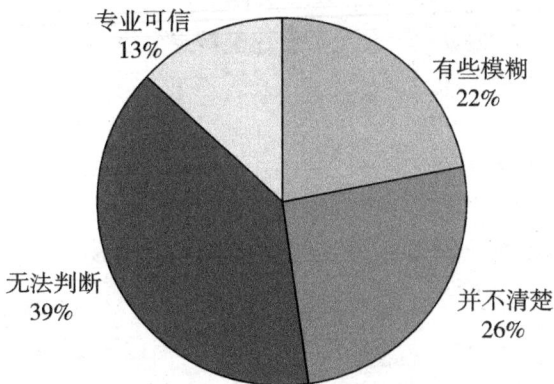

专业可信
13%

有些模糊
22%

无法判断
39%

并不清楚
26%

图 1-3　企业员工调查结果

从上述图表可以看出：设计能力素质体系的专业顾问总体上对它的可信度比例较大，但也超过半数人对它持有不确定态度；作为参与体系设计与推行的 HR 人士对其可信度不足三成，虽然他们在企业内部极力宣导与推进；而企业员工，却高达近九成对此表示怀疑。这就说明，目前的能力素质模型类的理论体系、工具与方法并不十分理想与完善。

能力素质模型经过发展并被引进到中国管理界，到目前已经成为耳熟能详的管理词汇，它的特点主要体现在分类、定义、有限、预设等几方面，如图 1-4 所示。

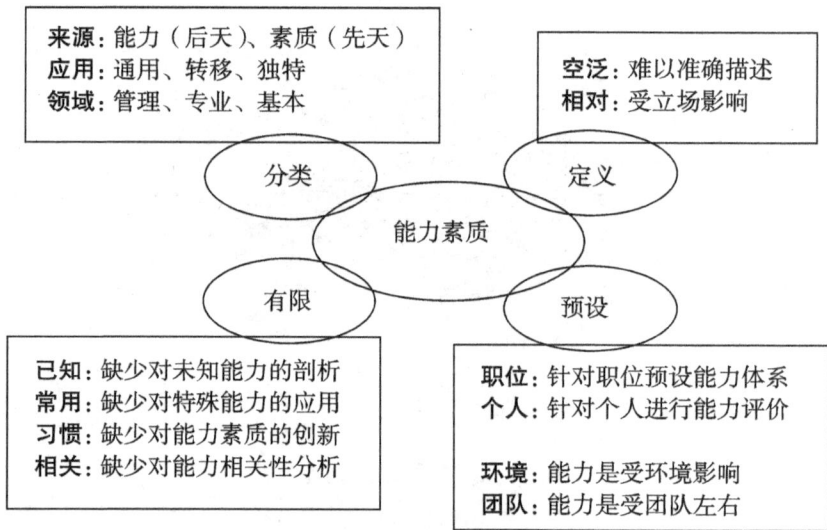

图 1-4 能力素质模型特点分析

（一）分类

能力素质模型，是一种根据结构化思维对能力素质的分类，比较常见的是从能力来源、能力应用、能力领域等来分类的。

（1）能力来源：从能力来源来分析，能力素质可分为能力与素质两部分，能力主要来源于后天的学习与培养，素质主要来源于先天的习性与长期的潜移默化。

（2）能力应用：从能力应用来分析，能力素质模型通常包括三类能力：通用的能力、可转移的能力、独特的能力。通用能力是指适用于公司全体员工的工作胜任能力，它是公司企业文化的表现，是公司内对员工行为的要求，体现公司公认的行为方式；可转移能力是指在企业内多个角色都需要的技巧和能力，但重要程度和精通程度有所不同；独特能力指某个特定角色和工作所需要的特殊技能，通常情况下，独特能力大多是针对具体职位来设定。

（3）能力领域：从能力领域来分析，能力素质就被业界划分为诸如管理类、专业类（知识、技能）、基本类（素质）等，根据这三大类能力进行再分类，就是通常所见到的27项能力素质模型。

业界对能力素质的分类各不相同，而27项能力素质基本占据了大部分内容：任务分配能力、影响力、积极性、判断能力、项目管理能力、个人驱动能力、关系网建立、专业学习能力、团队精神、创新能力、建立信任能力、以客户为本、培训发展他人的能力、沟通能力、决策力和水准、组织内活动能力、自信、展望力、激励和关心下属、督导能力、预期应对能力、倾听与反应、主动性等。但不管怎样分类，这些能力素质只是从某一方面描述能力的表象，却无法从能力的相关性进行全方位解读。

（二）定义

关于能力素质模型的定义，存在两大特点：一是对能力素质的定义描述得较为空泛，无法准确定义；二是能力素质的定义是具有相对性的，就是在定义能力素质时带有明显的立场性，比如团队精神，对此素质的定义往往是从企业的角度来描述，若因为企业的所作所为让人失去团队精神，即所谓"官逼民反"，若按此规则判断个人没有团队精神，就有失公允。

（三）有限

目前能力素质模型，还是存在局限性，因为所有的能力素质都是对已知、常用、习惯的行为与结果进行分析，而每个人真实的能力与素质，并不只是局限于这些已知、常用、习惯的模型体系，它可能是某些未知的能力，可能是某些特殊的能力，也可能是需要重新建立评估理论与体系才能挖掘与激发的能力。同时，现行的能力素质体系基本没有对各能力素质之间的相关性进行分析，导致了各能力素质之间只是简单的叠加而出现遗漏与局限。

（四）预设

现在进行能力素质体系建立时，都是基于职位、个人的角度进行事先设定哪些能力、素质的评估项目，比如一位设计工程师就被定义为格式化的 3 项能力 3 项素质，一位中层管理者就被定义为 5 项能力 4 项素质，而实际上这些职位是需要其他较为隐含的能力，同时具体到某位职员，其能力也不只是上述预设的范围，而那些被排除出外的能力，或许更加有价值。另外，在能力评估时，个人的能力素质是受到团队、环境等因素影响的，而不只是就事论事，就人论人了。

二、能力水平无法衡量

关于能力、素质、性格等方面的专业测评与衡量，业界习惯把能力素质模型定义为五级，然后逐级描述每一级的能力特征，以便把具体职员的工作表现与状态进行评估与对号入座。

然而这种能力的定级与定义，以及评估的主观相对性，往往受到大家的冷遇与质疑，因为能力这个领域，是无法进行定量式确定，它具有相对性、喜恶性、可变性、不稳定性。

于是，人才的能力水平难以客观、准确地评估与衡量，基本上都是主观、大概地评定。曾经针对 50 名专业顾问、200 名 HR 人士、1000 名企业员工进行关于能力测评可信度的抽样调查，结果如下（见表 1-2、图 1-5 至图 1-7）。

调查问题：针对能力水平的评估结果，是否可以比较客观、准确地反映人们真实的能力水平与状态？

表 1-2　　　　　　　　　　　能力测评可信度调查数据

抽样群体	较准确	可参考	有局限	不准确	样本量
专业顾问	47	43	6	4	100
HR 人士	65	78	34	23	200
企业员工	219	371	224	186	1000

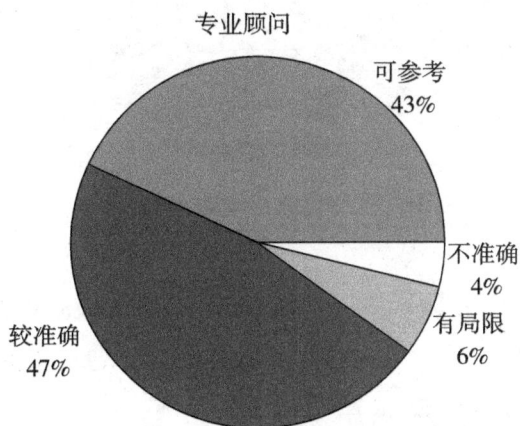

图 1-5　专业顾问调查结果

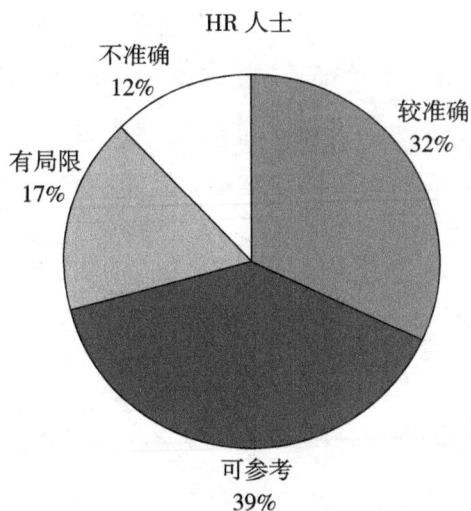

图 1-6　HR 人士调查结果

企业员工

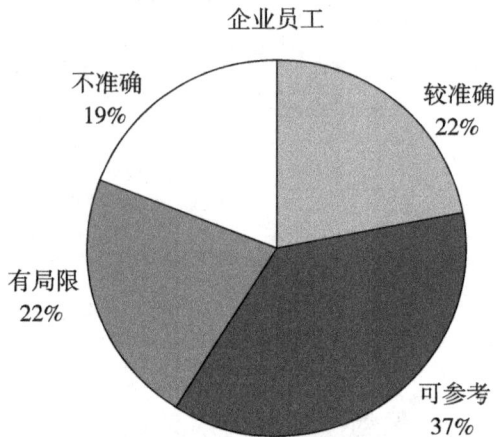

不准确
19%

较准确
22%

有局限
22%

可参考
37%

图1-7　企业员工调查结果

由上述图表可以看出：不足五成专业顾问认为测评结果是准确的，只有三成左右 HR 人士认为测评结果较准确，企业员工的认同度就更小了。这说明能力素质测评的结果，在人们内心中，并没有传说中的神奇与准确。

因为，各种各样的测评，其分析的数据与样板量，以及随机性、比例性等法则，测评者有没有接受过心理暗示，是否刻意回避与揣测，是否接受过类似的训练，这些都是导致对能力客观衡量失真的因素。

因此，关于能力素质水平的评估，这一直是个很难解决的问题，主要是因为对能力的描述、参照、主观、表象、潜在、变化等方面剖析不清，如图1-8所示。

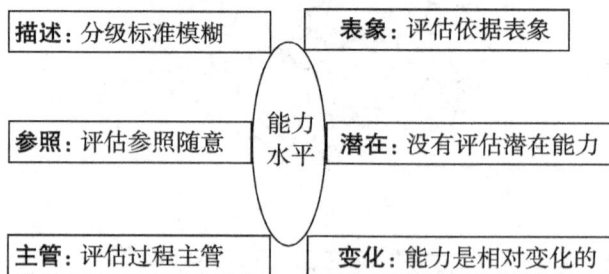

描述：分级标准模糊		**表象**：评估依据表象
参照：评估参照随意	能力水平	**潜在**：没有评估潜在能力
主管：评估过程主管		**变化**：能力是相对变化的

图1-8　能力水平评估概况

（一）描述

能力素质的评估，来源于对相关标准、分级的描述，而一切描述性的文字，因为较模糊而难以对千变万化的人性进行准确定性。

（二）参照

能力素质的评估，因为描述的不精准到位，所以评估起来需要有参照事、参照人，而这些参照事、参照人的选择也仍然没有相对固定的标准，于是不同评估人就有不同的参照标准。

（三）主观

由于对能力素质的描述与参照都十分弹性，所以在实际评估过程中，充满了评估人的主观与喜厌，这对能力素质评估结果的公平、公正、合理性大打折扣。

（四）表象

个人的工作表现与结果，是评估的依据之一，但工作表现与结果，只是其部分能力的展示，而不是全部。这样就如盲人摸象，评估出来的结果就失真了。

（五）潜在

相对于个人能力与素质的表象，那就是影响表象或工作的内在，多数人都有潜在的一面，即深藏不露，而这种潜在的能力与素质，比表象的能力与素质，对企业、对个人更加具有竞争力、影响力。

（六）变化

人的能力素质不是一成不变的，在相对稳定的基础上，也存在不少变化，比如 A 与 B 一起共事表现的能力强，而 A 与 C 共事却被定为弱；再如 A 在这段时间展现的能力强，而在下段时间展现的不尽如人意。

因为所述这些客观存在的情况，所以能力水平的衡量就变得更加扑朔迷离，甚至只能进入了暗箱操作。

三、能力培养过于模糊

在能力素质模型的定义与评估都没做好时，我们也同步地根据这个并不可靠的基础去进行能力培养，于是我们无从下手，或者有的放矢却无功而返。

究竟有多少公司重视能力培养？而收获又有多大？为此，针对50名专业顾问、200名HR人士、1000名企业员工进行关于能力培养有效性的抽样调查，结果如下（见表1-3、图1-9至图1-11）。

调查问题：企业设计与推动能力素质模型，对员工相关能力的培养、提升、挖掘与发挥，能起到明显明的效果吗？

表1-3　　　　　　　　能力培养有效性调查数据

抽样群体	很有效	有效	无效	难以确定	样本量
专业顾问	36	41	4	19	100
HR人士	47	69	11	73	200
企业员工	168	257	94	481	1000

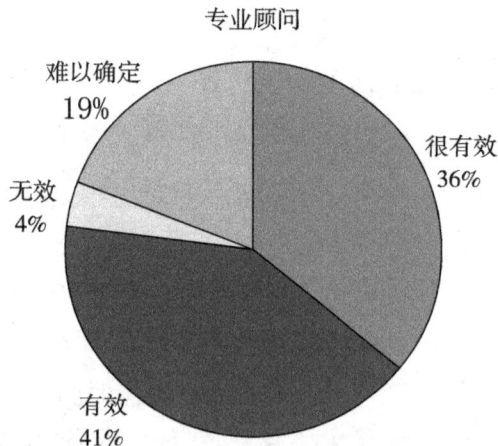

图1-9　专业顾问调查结果

HR 人士

很有效
23%

难以确定
37%

有效
34%

无效
6%

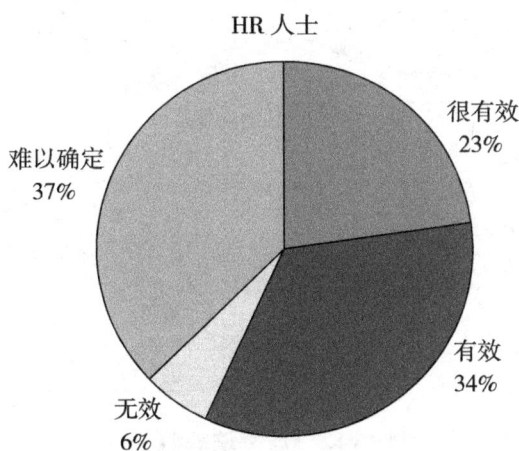

图 1-10　HR 人士调查结果

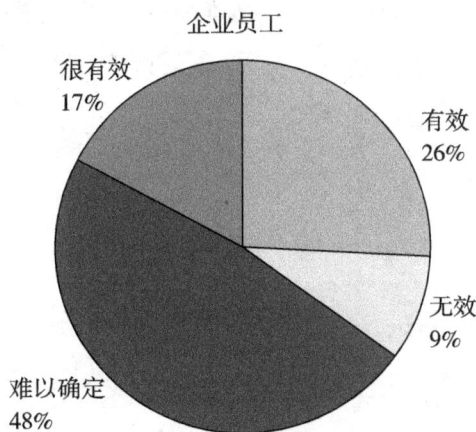

企业员工

很有效
17%

有效
26%

无效
9%

难以确定
48%

图 1-11　企业员工调查结果

　　由上述图表可以看出：虽然只有两成左右的专业顾问对能力培养的有效性表示不确定，却超过四成左右的 HR 人士对能力培养的有效性表示怀疑，企业员工的认同度就更小了。这说明能力培养的有效性，还有很多可以改进的空间。

　　当前关于能力素质的培养，主要体现在灌输、历练、激发、本性、长期、收效等方面，如图 1-12 所示。

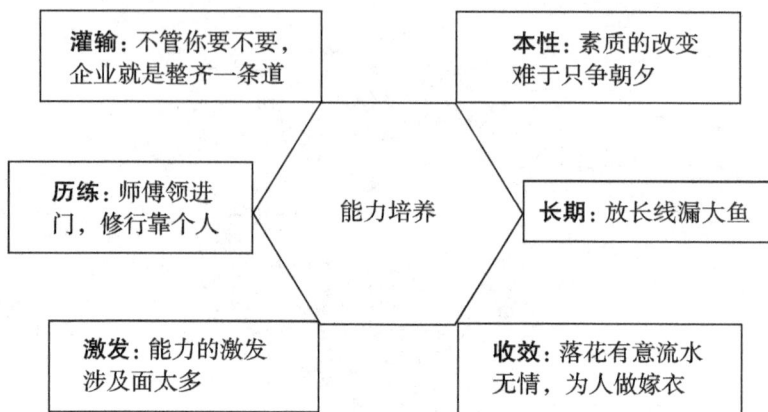

灌输：不管你要不要，企业就是整齐一条道	**本性**：素质的改变难于只争朝夕
历练：师傅领进门，修行靠个人	能力培养	**长期**：放长线漏大鱼
激发：能力的激发涉及面太多	**收效**：落花有意流水无情，为人做嫁衣

图 1-12　能力培养概况

（一）灌输

在进行能力素质的培养时，我们一贯的做法是进行讲授式灌输，不管员工是否需要此类培养，是否合适此类培养，均没有过多考虑，企业更多的是整齐划一的形式主义，最终员工能接受多少，能否有所提升，就未可知。

（二）历练

通过具体工作与项目进行实战历练与考察，这是一种较为有效的能力培养方式，但目的性不明确，有点类似"师傅领进门，修行靠个人"，比较难以从理论与体系上提升，但对实践能力的培养是有效的。

（三）激发

能力的培养是一方面，能力的激发是另一方面，如何激发被培养出来的能力，让能力变现，这方面并没有受到足够的重视，因为它涉及企业的政策机制、绩效机制、薪酬机制等方面，如果这些不能配套，那么即便有能力，也可能不愿意发挥出来。

（四）本性

企业经常说要改变人才的素质，但素质属于相对固有的本性，企业在培养过程所起的作用并不大，它是个相对缓慢的潜移默化过程，不能指望一朝一夕可以快速培养与改变。

（五）长期

不管是能力还是素质，培养与改变起来需要较长时间，很容易导致"肥水流入外人田"的损失，因为能力这种相当抽象的领域，经过长期投入与培养起来的人才，当对方达到一定层次后，往往换东家了，就如放长线钓大鱼，大鱼吃饱后却跑了，企业只有竹篮打水一场空。

（六）收效

从短期来说，不管是能力的培养还是使用，都没有什么起色；而从长期来说有效果，但却容易"为人做嫁衣"，因此企业进行能力培养时，投入与产出很难成正比。

能力的培养不管是在手段、方法、时间、经验等方面，都难以驾驭，最终的结果就是演变成搞形式、尽人事的自生自灭状态。

第二章 能力之外另有玄机

为什么在进行能力管理时，我们都觉得力不从心，因为我们一直都是立足于"能力"本身去分析、研究与解读它，其实我们对"能力"只是"不识庐山真面目，只缘身在此山中"，对人员能力的评价也仅局限于瞎子摸象、以偏概全。

实际上，能力不只是能力本身，它不是个独立存在的现象，在不同环境、不同团队、不同领域、不同时间，同一个人所展示出来的能力或被认知的能力是大相径庭。

因此，跳出"能力"本身，能力之外尚有很多需要探索与正视的玄机，如图2-1所示。

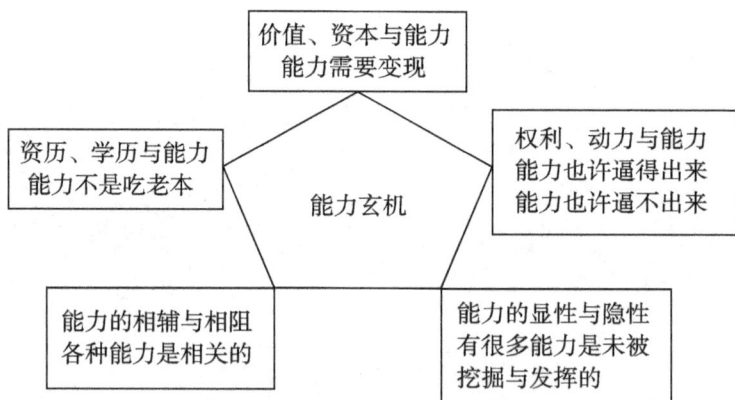

图2-1 能力玄机

• 能力的相辅与相阻：各种能力相互之间、不同特质个人之间，他们相互间的能力不是割裂的，而是相关影响的。

•能力的显性与隐性：有些能力是容易感知与发现的，有些能力是未被挖掘与发挥的。

•资历、学历与能力：资历、学历只是组成能力的一部分，而不是能力的全部。

•权力、动力与能力：有权力可以协助能力的发挥，没权力可能阻碍能力的发挥；有动力可以让能力发挥得淋漓尽致，没动力就让人得过且过。

•价值、资本与能力：在企业，如果不能把能力变现为价值与资本，那么能力只能束之高阁，不能形成有效的生产力。

人才的能力不只是通过那种流行与形式的能力素质评估可以客观评价出来，只要我们带有善意、真诚、理解、信任，就会在不经意间发现身边的闪光、唯美与感动，而这种不经意的发现，才是每位人才最真实的冰山下蕴藏巨大的能量与深奥的玄机。

一、能力的相辅与相阻

能力，它具有明显的相对性与变化性，在职场中，随处可遇这种现象。

同事眼中的 A 君与 B 君都是综合业务能力很强的人，并且各有特色，可是 A 君与 B 君一起共事，B 君总是在领导 C 君面前争功表现，而 A 君更偏重于脚踏实地办事。于是作为领导的 C 君就慢慢地偏向于重视与重用 B 君，而对 A 君的能力产生了些许负面的看法。后来 A 君换到另一部门，与 D 君共事，因 D 君也是只想做好本职工作，且为人和善与谦虚，经常会诚恳地向 A 君请教业务技能，于是在新的部门，A 君受到了同事及领导的一致好评。

同样是 A 君，他的业务能力、个人特性与职场处事并没有改变的情况下，与不同的人共事，面对不同领导的风格与爱好，他所表现出来的能力与受到的评价竟然如此不同，这就充分证明了能力不是独立的现象。

以上现象，不是个案。为此针对 500 人进行关于能力相关性的调查分析（见表 2-1、图 2-2）。

表 2-1 　　　　　　　　　能力相关性调查表

调查问题	有	没有
1. 你个人的能力有没有充分发挥出来？	94	406
2. 你个人的能力有没有未被别人发现或认同？	413	87
3. 你个人的能力有没有被团队中其他成员更突出的同类能力所掩盖地黯然失色？	176	324
4. 你个人的能力有没有被领导曲解、无视或压制？	429	71
5. 你有没有遇上一批个人能力都很强，但组成一个团队时，谁都不服谁而产生巨大内耗的情况？	278	222

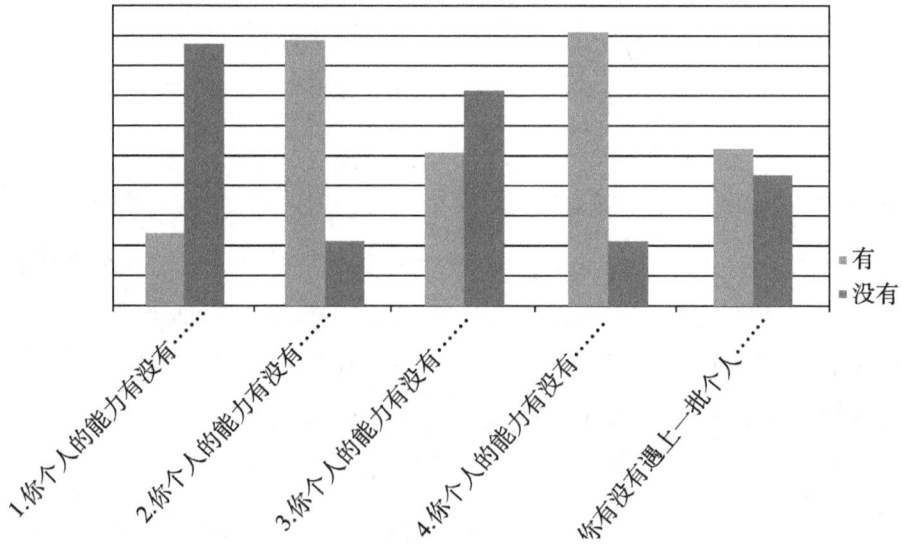

图 2-2　调查统计分析图

由上述图表可以看出：能力，还隐藏着这么多影响因素，比如能力未被认同、没有发挥、被人掩盖、压制、产生内耗等，这些现象比比皆是。

因此，个人能力是基础，是本质。但它所表现出来的，就与团队成员相关了。

俗话说："不怕神一样的对手，就怕猪一样的队友。"如果在一个团队中，能力互补、惺惺相惜、团结共进、客观公正，这就是能力展示的最好平台；如果能力互斥、尔虞我诈、各怀心思、主观偏袒，这就让能力的发挥受到阻碍。

于是，对于能力的评价，就需要放置于某种环境、某种团队中来评估，我们要找出影响能力发挥的原因，要找出埋没能力的灰色，要找出盗窃能力的假象，如图2-3所示。

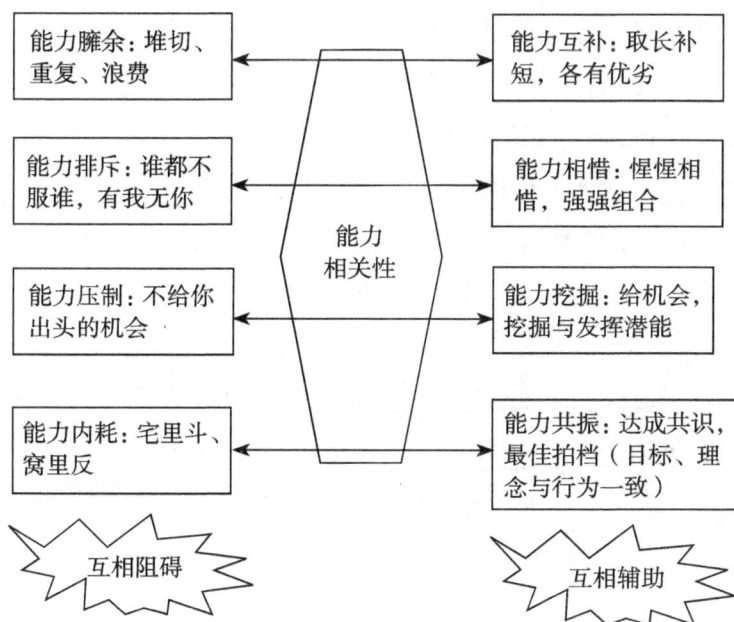

图2-3　能力的相关性

（一）能力相阻

在一个团队中不同成员，或者同一个人本身不同能力之间，存在着互相阻碍的关系，比如能力臃余、能力排斥、能力压制、能力内耗等：

• 能力臃余：主要指同一个团队中，相同或类似能力存在多人堆切与重复，而导致这类能力的浪费。

• 能力排斥：主要指同一个团队中，不同成员为了达成某种目的而进行互相攻讦、贬低，互相拆台、互不认同的情况；也指同一个人很难同时把处于完全相反或互相博弈的能力集于一身。

• 能力压制：主要指同一个团队中，有些成员借助权力与地位等优势，压制他人能力展现的情况。

• 能力内耗：主要指同一个团队中，一些本来很有能力的人，为了不同个人目的，而进行能力之外的宅里斗、窝里反，进而产生巨大的能力内耗。

（二）能力相辅

在一个团队中不同成员，或者同一个人本身不同能力之间，也存在着互相辅助的关系，比如能力互补、能力相惜、能力挖掘、能力共振等：

• 能力互补：主要指同一个团队中，不同成员或同一个人本身，不同能力存在各有优劣，但能形成很好的互补合力。

• 能力相惜：主要指同一个团队中，不同成员能力都很强，但他们互相间不是"文人相轻"，而是英雄相惜，而形成强强组合，产生巨大的战斗力。

• 能力挖掘：主要指同一个团队中，领导者或成员间，会发现与挖掘不同成员的潜在能力，并充分给予机会、创造平台让其发挥。

• 能力共振：主要指同一个团队中，大家因为目标、理念、行为一致而产生的能力共振，产生 1+1 远大于 2 的能量。

二、能力的显性与隐性

在通常情况下，我们对能力的认知，主要体现在与生活或工作相关的，很容易看出来的部分，可以把这种现象视为趋利性能力观，因为它只是从短期、实用、表面的角度去认定能力。

比如小罗，她是位程序员，在对她的工作评估中，我们往往总从技术层面去认定。然而，程序设计只是小罗的本职工作而已，除此之外，小罗的书法一流、摄影专业，对于公司而言，在没有需要进行书法与摄影时，小罗的这两项技能只能被定为个人爱好与特长，但与能力无关。对于个人而言，这两项也是小罗的能力，而且小罗准备十年之后，告别程序设计的工作，准备经营个摄影书法体验馆。

又如小郭，他是位人力资源管理者，在人力资源管理领域，他所表现出来的能力可圈可点，能力平平。但他的本性喜欢社交、喜欢活动、喜欢策划，后把他调到市场部，虽然与他专业不相关，可表现得非常出色。所以对于小郭来说，之前的人力资源管理水平，只是当时的显性能力，而他的市场策划方面的能力属于隐性的。但调整工作之后，这种能力的显性与隐性便又正好对调了，只是这时把他拥有能力的优势全面展现出来。

再如小胡，他只是位专业的资深工程师，平时带领小团队，具有一定的管理职能，但该部门还有一位正职的管理者。于是小胡更多的能力体现于研发设计，在管理方面表现平平，但在与他交流时，发现他很有管理思想与方法，他的解释是：既然一个团队有专门管理者，分工不同，就不过多参与管理了，而集中精力从事研发。因此小胡的管理能力也是在某种未被启用状态下的隐性能力。

以上现象，并不是个案。针对 500 人进行半于能力的相对性调查分析（见表 2-2、图 2-4）。

表 2-2　　　　　　　　能力相对性的调查表

调查问题	同意	不同意
1. 你认为有能力就一定能做出好成绩吗？	379	121
2. 你认为有能力就一定要或者可以展示出来吗？	248	252
3. 你认为那些爱好表现的人就是有能力的吗？	213	287
4. 你认为拥有学历、资历、权力的人就是有能力的吗？	336	164

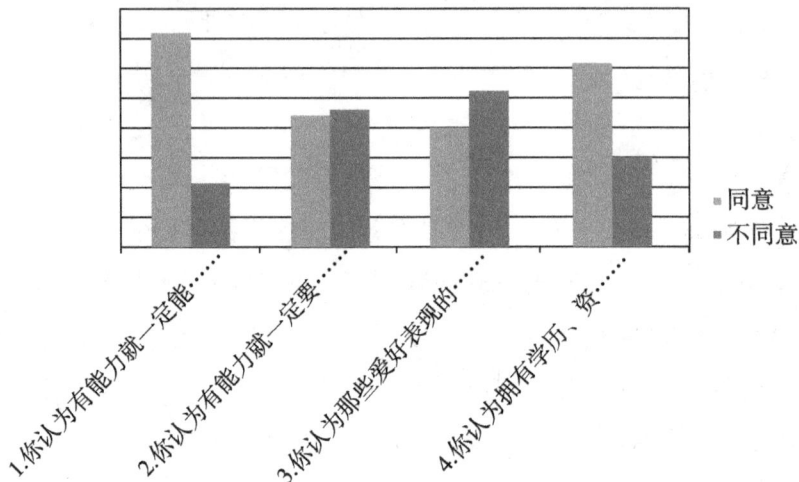

图 2-4　调查统计分析图

　　由上述图表可以看出：有能力的人也许做不出好成绩，有能力也未必都可以展示出来，爱好表现的人也是一种能力，拥有学历、资历的人关非一定有能力。

　　因此，能力存在相对性的特征，由显性能力与隐性能力构成，如图 2-5 所示。

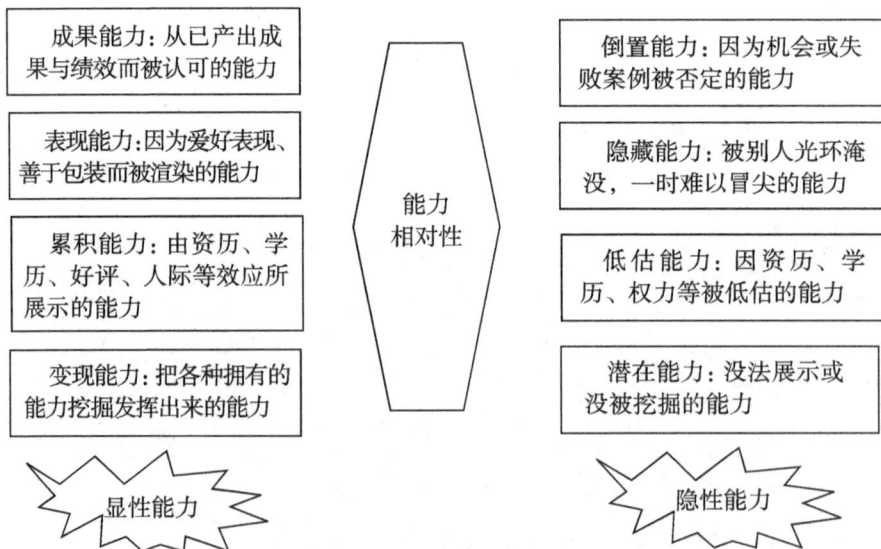

成果能力：从已产出成果与绩效而被认可的能力

表现能力：因为爱好表现、善于包装而被渲染的能力

累积能力：由资历、学历、好评、人际等效应所展示的能力

变现能力：把各种拥有的能力挖掘发挥出来的能力

能力相对性

倒置能力：因为机会或失败案例被否定的能力

隐藏能力：被别人光环淹没，一时难以冒尖的能力

低估能力：因资历、学历、权力等被低估的能力

潜在能力：没法展示或没被挖掘的能力

显性能力

隐性能力

图 2-5　能力的相对性

（一）显性能力

所谓显性能力，就是指容易被人感知与认同的能力，比如成果能力、表现能力、累积能力、变现能力等：

• 成果能力：主要指因为已经产出的成果或绩效而被认可的能力。

• 表现能力：主要指因为爱好表现、善于包装而被渲染出来的能力，它可能是夸大事实，可能是投领导所好，也可能是盗取别人的成果。

• 累积能力：主要指因为拥有好的资历、学历、好评、人际等效应，而被认可的能力。

• 变现能力：主要指把各种拥有的能力挖掘与发挥出来，变现为有效价值的能力。

（二）隐性能力

所谓隐性能力，就是指没有被发现、认可的能力，比如倒置能力、隐藏能力、低估能力、潜在能力等：

• 倒置能力：主要指因为没有展示能力的机会，或者遇上失败的经历与案例，而被人戴着有色眼镜被否定的真实能力，事实上是很有能力的。

• 隐藏能力：主要指因为他人类同能力被先入为主地受到认可，而使自己同类能力显得失色，一时间没有机会脱颖而出的能力。

• 低估能力：主要指因为没有好的资历、学历、好评、人际等效应，而被低估的能力。

• 潜在能力：主要指虽然拥有但没有被挖掘与发挥出来的能力。

三、资历、学历与能力

谈到能力，几乎大家都是把它与资历、学历等同起来。几乎一边倒地认为有资历就有能力，有学历就有能力，反之没资历就无能力，没有学历就更没有能力。

诚然，有资历者，其经验丰富；有学历者，其根基深厚；有资历、有学历者，更是如虎添翼，能力当是更胜一筹。

但是，有资历者，就必有能力？有学历者，就必有能力？反之，无资历者，就必无能力？无学历者，就必无能力？

为此，针对 500 人进行关于资历、学历与能力的认知，进行调查分析（见表 2-3、图 2-6）。

表 2-3　　　　　　　　　学历资历重要性调查表

调查问题	同意	不同意
1. 你认为高学历就代表高能力吗？	245	255
2. 你认为过去资历辉煌就代表能力强吗？	292	208
3. 你认为学历比学力更重要吗？	181	319
4. 你认为资历比学历更重要吗？	234	266
5. 你认为学力比资历更重要吗？	378	122

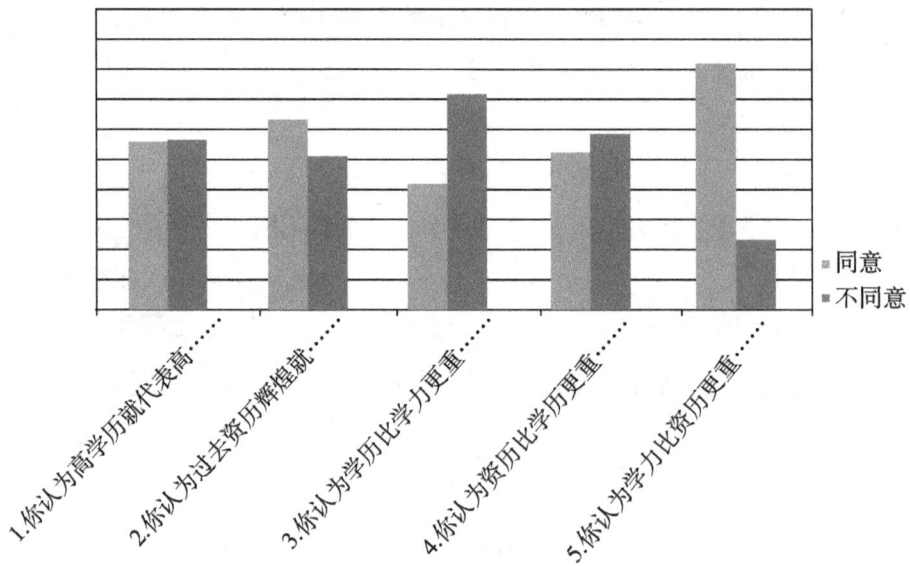

图 2-6　调查统计分析图

由上述图表可以看出：近五成人不认同高学历就有高能力，四成人不认同资历好就能力强，超过六成的人不认为学历比学力更重要。

业界有个不成文的规则，比如面试求职者时，会问对方有没有类似工作经历；在商务招标洽谈时，会要求对方提供成功案例。这就是典型的凭资历论成败。

当年刘备三顾茅庐，请的就是一位没有资历的诸葛亮，而这位只有满腹经纶、满脑智慧、满身美誉的卧龙并没有带兵治军经历，却干得有声有色、发挥得淋漓尽致。

据说华为的任正非只有大专学历，富士康的郭台铭只有中专学历，打工皇帝唐俊证书是假的，知名主持人孟非没上过大学，但这些人，就是因为凭借自身超强、坚韧、持续的学习能力而成就了自己。

在高校扩招、社会办学兴起的年代，取得一纸高学历的数量剧增，其含金量与成色早已今非昔比，高学历低能力比比皆是，而在众多"行万里路"与"读万卷书"之间，谁强谁弱，不可一言而论。

因此，资历、学历，只能代表过去的一种程度与状态，并不能代表现在、未来以及全部，如图 2-7 所示。

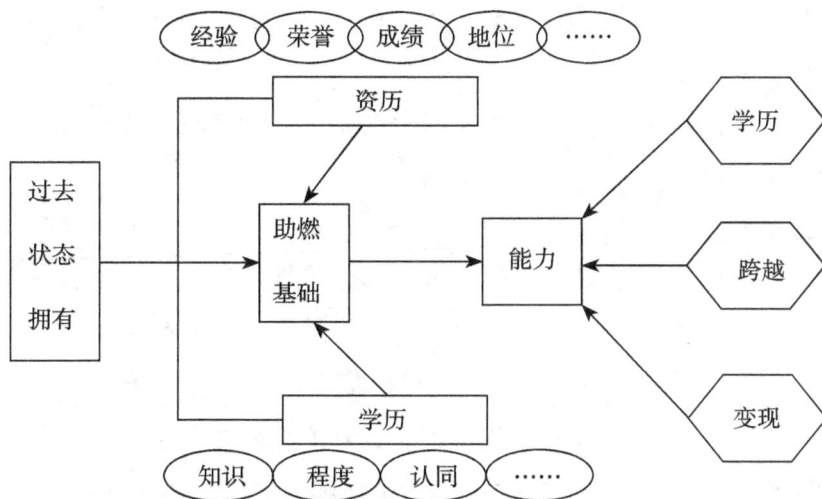

图 2-7　能力与资历、学历

所谓资历，主要指拥有的经验、荣誉、成绩与地位等无形资本。

所谓学历，主要体现于对其知识、程度、认同等方面的证明。

不管是资历，还是学历，都是描述构成一个人综合能力的过去、状态与拥有，它是能力的坚实基础，也是能力发挥的助燃剂，但它不是能力的全部。因为拥有了资历或学历，还需要有不断学习与领悟的学力，需要不断创新与突破的跨越，需要把能力进行变现。

所以完整的能力，除了资历、学历之外，还有三大同样不可忽视的要素，即学力、跨越与变现。

四、权力、动力与能力

一个人是否具备相关能力，那是一种状态。

一个人能否展示相关能力，那是一种变现。

我们在进行分析与评估能力时，往往聚焦于个人能力的状态，以及已经变现的能力，但对于影响能力变现的因素完全忽略。

A君在某通信产品领域相当专业，为公司提出了很好的规划与设计方案，可是因为他只是一位高级产品工程师，而不是部门领导，所以对方案的确认与资源的调配无话语权，而其部门领导B君经常按自己非专业的思维，因个人喜好而乱指挥，于是A君在B君的管理与压抑之下，无法把自己的真才实学展示出来，这就是权力决定能力的发挥的典型现象。

吕小姐是位公认天资聪颖、业务水平很强的员工，但她在工作上所表现出来的能力平平、中规中矩，原因是她的家庭环境与经济条件都很优越，她上班工作，只是为了与社会接轨、与时代同步，但没有什么企图与上进心。所以上班时，只求把该做的事情做好，不求冒尖、不做垫底。相反，本来不怎么聪明、业务上也并不精深的陈小姐，因家庭环境与经济条件较为艰苦，这些压力变成动力，陈小姐在工作中任劳任怨、勤勤恳恳，多干活少说话，多受气少抱怨，最终被评为高绩效、强能力的员工。

以上现象，并不是个案。为此，针对500人进行关于权力、动力与能力的认知调查分析（见表2-4、图2-8）。

表2-4　　　　　　　　　　　权力动力影响性调查表

调查问题	同意	不同意
1. 如果拥有相应的权力，是否会让你的能力发挥得更出色？	458	42
2. 如果在某项工作中，你对其不感兴趣，是否会让你的能力大打折扣？	399	101
3. 如果有个目标不是你想要达到的，你是否不愿全力以赴？	374	126
4. 你是否遇到过调动不了资源而影响到工作的正常推进？	443	57

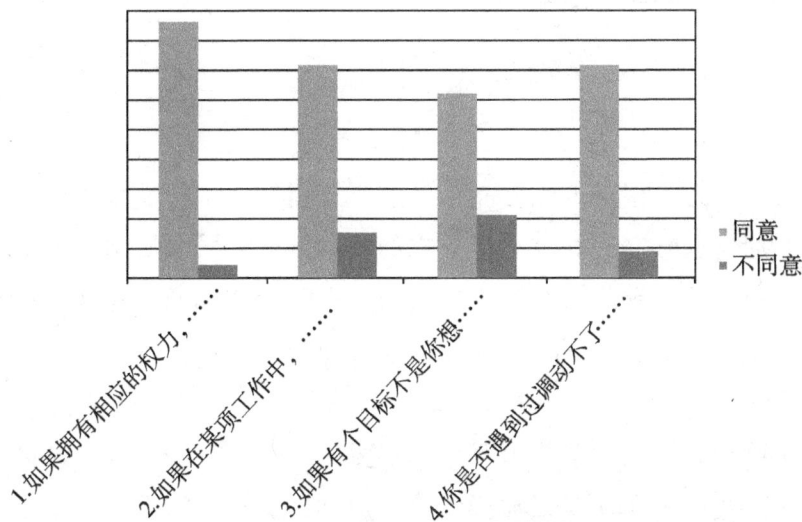

图2-8　调查统计分析图

　　由上述图表可以看出：高达九成的人认为权力对能力的影响极大，近八成的人认为有无兴趣与动机影响着能力的发挥。

　　因此，在职场中，能力不是孤立的，而是受到权力、动力的明显影响，如图2-9所示。

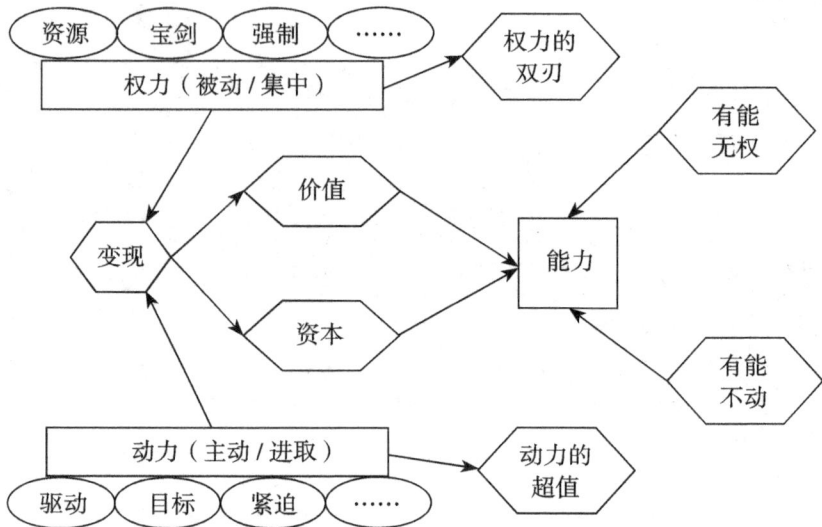

图 2-9　能力的变现

所谓权力，相对于能力而言，主要指拥有可支配或可调动更多的资源，拥有上方宝剑等政策指令式的便利，可以采取强制措施要求他人的支持与配合等。对于因为权力而展示能力者来说，是被动的与集中的，权力是把双刃剑，既可促使自身能力的展示，也可能导致他人能力的消极。

所谓动力，相对于能力而言，主要体现于内在的驱动、对目标的执着，以及自我主动意识与行为的紧迫感，而产生的进取心，它对能力的挖掘与发挥是超值性的。

不管是权力，还是动力，都需要把它们进行变现成对团队有效的价值与资本，然后才能成为被认可的能力。

所以，能力展示与评估，不只是能力本身，还受到权力、动力等外界因素的影响与制约。如果有能力没权力，则难以施展才华；如果有权力没能力，则可能胡乱发号施令；如果有能力没动力，则只能推一把动一步；如果有动力没能力，则可能白费工夫。

五、价值、资本与能力

胜者为王、败者为寇，在以成败论英雄的时代，企业对员工的评估，往往基于其贡献与结果，即通过绩效情况来评定能力。

针对 500 人进行关于能力与价值的认知调查分析（见表 2-5、图 2-10）。

表 2-5　　　　　　　　　能力的价值资本性调查表

调查问题	同意	不同意
1.你认为任何能力，都可以变现为有效的价值吗？	163	337
2.假如某位员工很会唱歌，但在工作中根本用不上它，对于你的团队来说，你认为她会唱歌这项能力有价值吗？	95	405
3.从企业的角度看，每一位员工的各种能力，可否归为企业资本的组成部分？	132	368
4.假如你是企业的高管，意外地发现你的员工有某种突出能力，你会特此为其营造发挥的平台吗？	74	426

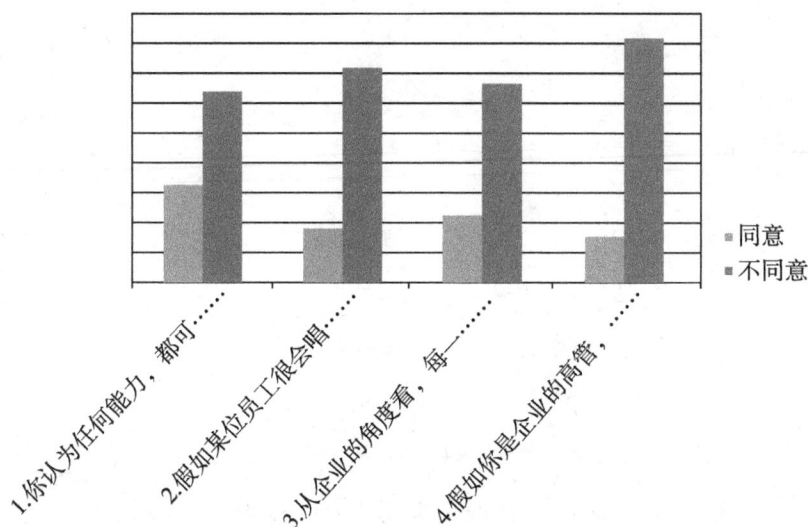

图 2-10　调查统计分析图

由上述图中可以看出：绝大部分人都不把个人的能力视为企业的价值与资本，这就说明离大家口号中的"人才资本管理"相距甚远。

从能力本身来讲，个人本身拥有的能力，比在企业展现的能力更多更全面，但在企业展现的能力又更加具体与深入。

在本理才系列丛书的《理才布局》中，首提把人才能力分为五类：体能、本能、智能、才能、情能，即人才"五能"，在不同行业、不同企业、不同团队环境下，这五能并不都能展示与变现，如果把人才的绩效折算成价值，那么哪些能力可能会转换为价值，哪些能力属于人才的资本，也属于企业的资本。这是研究能力管理领域的一个盲点，也是一大新的课题。

有些能力，并不一定有价值。

有些能力，并不一定是人才与企业的资本。

有些能力，可能转换为价值（个人与企业短期的收益），但不能形成资本（个人与企业长期的投资），如图 2-11 所示。

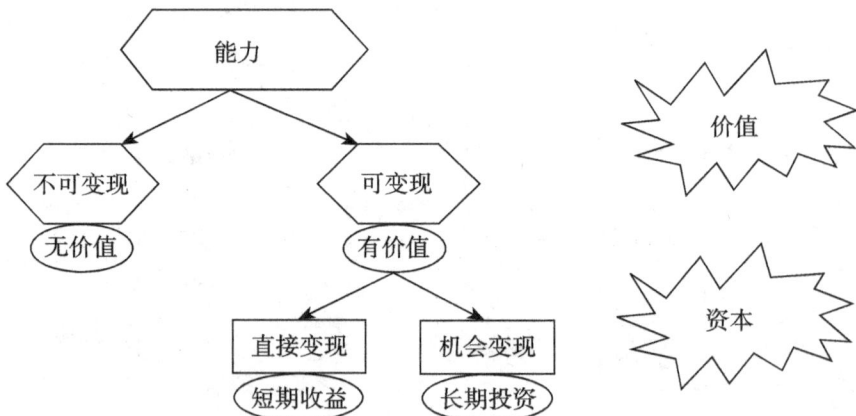

图 2-11　能力与价值、资本

每个人拥有的能力，不管是在生活还是在工作中，有的可以进行展示与变现，也有的不能。对于企业来说，不可变现的能力，可视为无价值；可变现的能力则是有价值。

对于有价值的能力，可分为直接变现与机会变现两大类。

直接变现，是指那些能力可以马上应用，并快速产生效果，比如拥有图形设计这种专业能力，所设计出来的图纸与创意被客户所认可而为企业带来短期的收益。

机会变现，是指那些不能短期兑现，但可能为未来带来效益，它是一种长期投资策略与行为，比如某人的市场洞察力，他分析五年后的市场趋势与产品定位，企业如果认同他这种能力，需要为未来中长期规划进行分析与投资。

不管是直接变现，还是机会变现，只要对企业有价值的能力，一经被企业所激活与使用，它们就是企业资本的组成部分，即基于能力的人才资本。

"能力管理（Capacity Management）"，广义上是指在人本管理理念的基础上，以"人的能力是企业最重要的资源"为出发点，建立最大限度有利于能力资源的引进、开发、利用、整合和持续增值的人力资源管理体系的管理策略。狭义上是指对"管理能力"进行研究和提升的机制。

能力管理机制最大的特点就是真正关注人和人的发展，通过激发和支持人的成长发展需要，并引导其与企业发展相融合，实现个人与企业的双赢目标。能力管理的引入，将改变企业的价值评价体系，使得人力资源管理体系更加完整和完善。

传统的人力资源管理体系，通常是以职位管理为核心的，更加强调"职责和任务是什么、职责如何在职位之间合理分配、职责之间如何进行流程衔接等"，主要呈现为一种对"事"的管理。而管理实践证明：只管"事"，而忽略对"人"的管理，企业将丧失活力，也无法获得持久的生命力。

能力管理的引入，使得企业管理的关注点，从单纯地"管好事"，转变为"既要管好事，也要管好人"。能力管理的最终目标是要引导员工将自身发展与企业的发展紧密结合起来，以持续的能力提升带动员工价值的释放，从而实现员工个体与企业的双赢。

第二部分　铸造人才竞争力

　　人才拥有诸多不同的能力，对于企业来说，主要是关注那些对企业有价值，可以变现的能力；对于个人来说，主要是发挥那些对生活、工作有作用的能力。

　　对于企业与个人这种从实务应用角度所重视的能力，我们统称为人才竞争力。

　　只有人才具备市场竞争力，才是真正的能力提升，不至于受困于闭门造车。

第三章　人才能力分析

　　根据上述能力之内、能力之外的特点，从个人、团队两个层面分析人才在企业中应该具备与重视哪些能力。

　　人才能力，主要体现于企业经营的业务需要掌握哪些能力，个人需要具备哪些能力，团队成员中还缺乏哪些能力，然后基于这些情况有的放矢地培养对应的能力。

一、能力分析新模型

（一）能力及能力组合

　　目前的能力素质及其类似的分析模型，均聚焦于个人的能力、素质进行分析与评估。然而，根据本书第一部分的阐述，发现它们对人才与团队的能力培养仍然很有限，离预期效果相差尚有很大距离。

　　本书突破单纯、传统与流行的"能力等极"评估法则，探索出"以职业能力为依据、以个人能力为核心：以团队能力为目标"的全新能力分析模型，如图 3-1 所示。

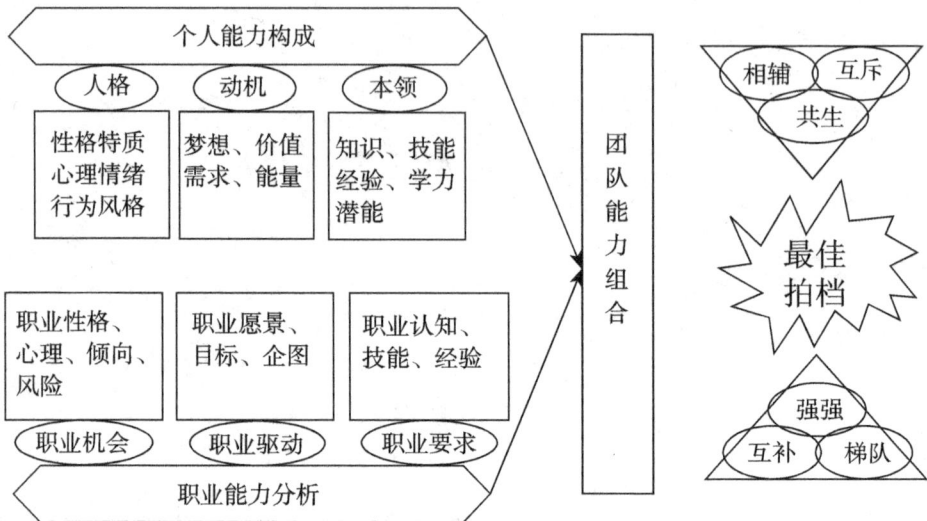

图 3-1　能力分析新模型

1. 职业能力分析

所谓职业能力，就是指从事某类领域、某种层级所对应职位工作所需要具备的特征与条件，比如 HR 总监，它属于人力资源管理领域的高层管理者，那么它的职业要求与财务、研发等领域不同，也与 HR 经理或专员不同。

进行职业能力分析时，可以立足于这三部分，即职业机会、职业驱动、职业要求。

职业机会，主要说明这类职业存在哪些职业性格，需要具备哪种职业心理，职业发展有什么倾向，以及可能会出现或需要防范的职业风险。

职业驱动，主要说明这类职业的驱动力来源，比如远大的职业愿景、现实的职业目标、隐含的职业企图等。

职业要求，主要说明承担这类职业，需要具备哪些职业认知，拥有哪些技能与经验。

2. 个人能力构成

所谓个人能力，是指人们通过先天或后天获取、形成的人格、动机与本领。人格，主要分析个人的为人处世以及深层次的心理特质。与目前多数能力素质模型不同，没有把人格局限于相对不变的素质范畴，而是除了业内所关注的性格之外，还引入了心理、行为两大要素，只有针对性格、心理与行为三要素进行分析，才能更加完整地去剖析人才拥有什么样的人格。

动机，我们经常说"兴趣是最好的老师"，也经常用"有压力就有动力"来鼓舞人们，这些老百姓耳熟能详的俗语，无不说明一个事实，那就是人们的动机会影响到其能力水平的提升与发挥。人们在职场中相关的动机，主要由梦想、价值、需求、能量四类组成。

本领，就是通常说的能力，除了包括知识、技能、经验外，这里还增加了学力与潜能两部分。

3. 团队能力组合

所谓团队能力，以职业能力为基本要求，根据个人能力水平的评估信息，挑选那些合适组成一个团队共事的人才一起形成团队能力。

不同个体组合成团队时，因为不同个体的人格、动机与本领是各不相同，所以它们之间存在相辅、相斥、共生三种组合反应。

欲要打造最佳团队，就需要从强强、互补、梯队等思路出发，合理调配各项能力、各个人才资源的组合。

（二）能力测评工具

不管是职业能力、个人能力，还是团队能力，其水平的高低，均需要借助一些工具进行测评。关于性格测评类的工具，国内外已经有很多，本书不再重复，只是根据上述能力的主要组成分为三类，整理出其各自的精髓部分供读者参考（见表3-1）。

表 3-1 常见的测评工具

分类	测评方向	代表工具
人格（职业机会）	主要测评适合做什么	九型人格测试 明尼苏达多项人格测验 斯特里劳气质测评 霍兰德职业倾向测评 艾克森情绪稳定性测评 卡特尔 16 种人格因素测验（16PF） MBTI 职业性格测试 DISC 性格测试 PDP 性格测试
动机（职业驱动）	主要测评愿意做什么	有部分关于权力、影响、成就、认同、奖励等方面的测试探索，但并没有形成较为成熟的理论、方法与体系。
能力（职业能力）	主要测评能够做什么	韦氏智力测评 劳德赛创造力测评

（三）现有测评工具精髓摘要

1. 九型人格测试

九型人格（Enneagram），又名性格形态学、九种性格，它是一门讲求实践效益的学科，属人格心理学范畴，是应用心理学中的一种，其应用范围广泛，有助于个人成长、企业管理及人际沟通和关系处理。

九型人格认为人是由基本欲望所控制，每个人都会同时追求许多东西，九型人格所讲的是基本欲望，反过来就是基本恐惧。这些恐惧驱赶着一个人，这个人一生就是要离开这种恐惧，并且以所追求的事物成为自我价值。

九型人格根据人的基本欲望，针对人性欲望的活跃度、反应度、分心度、主动性、适应性、专注性、持久性、规律性、兴趣范围、心理素质等进行分析与研究，揭示了人们内在最深层的价值观和注意力焦点，它不受表面的外在行为的变化所影响。

九型人格不仅仅是一种精妙的性格分析工具，更主要的是为个人修养、自我提升和历练提供更深入的洞察力。它可以让人真正地知己知彼；可以帮助人们明白自己的个性，从而完全接纳自己的短处、活出自己的长处；可以让人明白其他不同人的个性类型，从而懂得如何与不同的人交往沟通及融洽相处，与别人建立更真挚、和谐的合作伙伴关系。比如：

深入观察发现"我是谁"。

你的思维模式及怎样影响你的决策。

你的价值取向及怎样影响你的事业。

你的情绪反应及怎样影响你的人际。

你的行为方式及怎样影响你成长。

你个性的优势与局限。

你在事业发展中的个性障碍及突破的方向。

你在人际关系中的个性冲突及改善的技巧。

你在亲密关系中的个性困扰及解决的方法。

九型人格按人的基本欲望分为九大类，即完美型、全爱型、成就型、艺术型、智慧型、忠诚型、活跃型、领袖型、和平型，如图3-2所示。

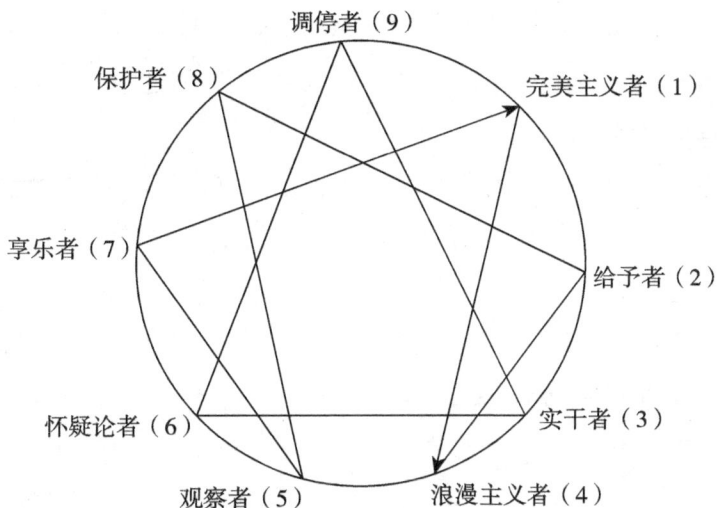

图3-2 九型人格图示

第一型完美型（The Reformer）：完美者、改进型、捍卫原则型、秩序大使。

第二型全爱型（The Helper）：成就他人者、助人型、博爱型、爱心大使。

第三型成就者（The Achiever）：成就者、实践型、实干型。

第四型艺术型（The Individualist）：浪漫者、艺术型、自我型。

第五型智慧型（The Investigator）：观察者、思考型、理智型。

第六型忠诚型（The Loyalist）：寻求安全者、谨慎型、忠诚型。

第七型活跃型（The Enthusiast）：创造可能者、活跃型、享乐型。

第八型领袖型（The Challenger）：挑战者、权威型、领袖。

第九型和平型（The Peacemaker）：维持和谐者、和谐型、平淡型。

2. 明尼苏达多项人格测验

多项人格测验（Minnesota Multiphasic Per-sonality Inventory，简称MMPI），是现今国外最流行的人格测验工具之一，此量表是由美国明尼苏达大学教授 S.R.Hathaway 和 J.C.Mckinley 所合作编制。该量表的内容包括健康状态、情绪反应、社会态度、心身性症状、家庭婚姻问题等 26 类题目，根据对效度（疑问、谎言、伪装、修正）、临床（疑病、抑郁、癔症、精神、性度、妄想、精神衰弱、精神分裂、轻躁狂等）测试，可鉴别强迫症、偏执狂、精神分裂症、抑郁性精神病等。

3. 斯特里劳气质测评

波兰心理学家斯特里劳在气质研究中，突破了传统的类型论，提出了气质特质。首先用实验的方法深入细致地研究气质与活动的关系，结束了描述性的研究。通过大量实验证实了气质与人格的关系，首次解释气质与人格相互作用与相互影响这一难题，并提出了自己的理论。他根据这些研究与成果，把气质分为胆汁质、多血质、黏液质、抑郁质四类（见图 3-3、表 3-2、表 3-3）。

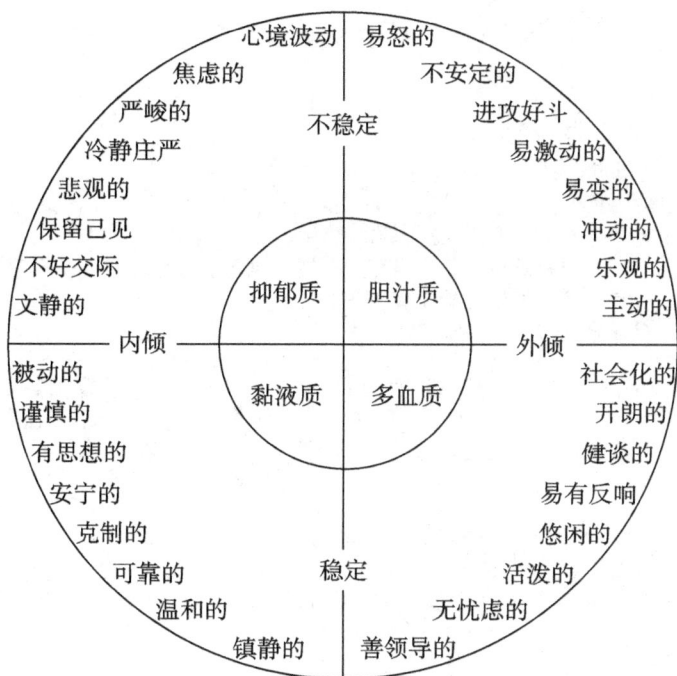

图 3-3　四气质图示

表 3-2　　　　　　　　　　　四气质表

气　质	高级神经	各种神经过程		
类　型	活动类型	兴奋程度	抑制强度	灵活性
胆汁质	强而不平衡型	正　分	负　分	负　分
多血质	强、平衡灵活型	正　分	正　分	正　分
黏液质	强、平衡、不灵活型	正　分	正　分	负　分
抑郁质	弱　型	负　分	负　分	负　分

表 3-3　　　　　　　　　　四气质优缺点表

气质类型	优　点	缺　点
多血质	外向、活泼好动；轻松愉快、热情、可亲、开朗、豁达；好交际、健谈、机敏；适应能力强、善组织、工作有效率、富有朝气；表情丰富、情绪发生迅速丰富多变；反应敏捷、对新事物敏感而不深刻	兴趣广泛而浮躁、易随波逐流；轻率不踏实、事不遂心则热情锐减；情感不易深沉、易见异思迁；缺乏耐力与毅力、易轻率作决定
胆汁质	外向、兴奋、精力充沛；情绪发生迅速、强烈、热情、乐观、率直、语言行动迅速、雷厉风行；能克服困难埋头工作、果敢、坚持	冲动、莽撞、易怒而难以自制；刚愎、暴躁、倔强甚至挑衅；一旦精力耗尽则情绪低落、信心受挫；烦躁、粗心
黏液质	内向、沉静、谨慎、稳重；语言动作迟缓、不易暴露内心活动、性情平和；办事认真、细心、有韧性、严守秩序、有条理；不善言谈、交际、忍让、务实、可依赖	执拗、不灵活、适应能力差；迟钝、被动、冷淡、显得落落寡合、有惰性、保守、萎靡不振
抑郁质	严重内向、柔弱、敏感、腼腆；情绪发生慢而体验强烈；严肃、不怕困难、善于体察别人不易发现的问题	情绪脆弱，畏缩、顺从；多愁善感；胆小，忧心忡忡；落落寡合、冷漠、多疑、犹豫不决；缺乏自信，常为小事而动感情

4. 霍兰德职业倾向测评

约翰·霍兰德（John Holland）是美国约翰·霍普金斯大学心理学教授，美国著名的职业指导专家。他于 1959 年提出了具有广泛社会影响的职业兴趣理论。认为人的人格类型、兴趣与职业密切相关，兴趣是人们活动的巨大动力，凡是具有职业兴趣的职业，都可以提高人们的积极性，促使人们积极地、愉快地从事该职业，且职业兴趣与人格之间存在很高的相关性。Holland 认为人格可分为实际型、研究型、艺术型、社会型、事业型和常规型六种类型（见表 3-4）。

表 3-4　　　　　　　　　　　　六种人格类型

人格类型	共同特征	典型职业
社会型（S）	喜欢与人交往、不断结交新的朋友、善言谈、愿意教导别人。关心社会问题、渴望发挥自己的社会作用。寻求广泛的人际关系，比较看重社会义务和社会道德	喜欢要求与人打交道的工作，能够不断结交新的朋友，从事提供信息、启迪、帮助、培训、开发或治疗等事务，并具备相应能力。如：教育工作者（教师、教育行政人员），社会工作者（咨询人员、公关人员）
事业型（E）	追求权力、权威和物质财富，具有领导才能。喜欢竞争、敢冒风险、有野心、有抱负。为人务实，习惯以利益得失、权力、地位、金钱等来衡量做事的价值，做事有较强的目的性	喜欢要求具备经营、管理、劝服、监督和领导才能，以实现机构、政治、社会及经济目标的工作，并具备相应的能力。如项目经理、销售人员，营销管理人员、政府官员、企业领导、法官、律师
常规型（C）	尊重权威和规章制度，喜欢按计划办事，细心、有条理，习惯接受他人的指挥和领导，自己不谋求领导职务。喜欢关注实际和细节情况，通常较为谨慎和保守，缺乏创造性，不喜欢冒险和竞争，富有自我牺牲精神	喜欢要求注意细节、精确度、有系统有条理，具有记录、归档、据特定要求或程序组织数据和文字信息的职业，并具备相应能力。如：秘书、办公室人员、记事员、会计、行政助理、图书馆管理员、出纳员、打字员、投资分析员
实际型（R）	愿意使用工具从事操作性工作，动手能力强，做事手脚灵活，动作协调。偏好于具体任务，不善言辞，做事保守，较为谦虚。缺乏社交能力，通常喜欢独立做事	喜欢使用工具、机器，需要基本操作技能的工作。对要求具备机械方面才能、体力或从事与物件、机器、工具、运动器材、植物、动物相关的职业有兴趣，并具备相应能力。如：技术性职业（计算机硬件人员、摄影师、制图员、机械装配工），技能性职业（木匠、厨师、技工、修理工、农民、一般劳动）
调研型（I）	思想家而非实干家，抽象思维能力强，求知欲强，肯动脑，善思考，不愿动手。喜欢独立的和富有创造性的工作。知识渊博，有学识才能，不善于领导他人。考虑问题理性，做事喜欢精确，喜欢逻辑分析和推理，不断探讨未知的领域	喜欢智力的、抽象的、分析的、独立的定向任务，要求具备智力或分析才能，并将其用于观察、估测、衡量、形成理论、最终能解决问题的工作，并具备相应的能力。如科学研究人员、教师、工程师、电脑编程人员、医生、系统分析员

续表

人格类型	共同特征	典型职业
艺术型（A）	有创造力，乐于创造新颖、与众不同的成果，渴望表现自己的个性，实现自身的价值。做事理想化，追求完美，不重实际。具有一定的艺术才能和个性。善于表达、怀旧、心态较为复杂	喜欢的工作要求具备艺术修养、创造力、表达能力和直觉，并将其用于语言、行为、声音、颜色和形式的审美、思索和感受，具备相应的能力。不善于事务性工作。如艺术方面（演员、导演、艺术设计师、雕刻家、建筑师、摄影家、广告制作人），音乐方面（歌唱家、作曲家、乐队指挥），文学方面（小说家、诗人、剧作家）

然而，大多数人都并非只有一种性向（比如，一个人的性向中很可能是同时包含着社会性向、实际性向和研究性向这三种）。霍兰德认为，这些性向越相似，相容性越强，则一个人在选择职业时所面临的内在冲突和犹豫就会越少。为了帮助描述这种情况，霍兰德建议将这六种性向分别放在一个正六三角形的每一角。

员工的工作满意度与流动倾向性，取决于个体的人格特点与职业环境的匹配程度．当人格和职业相匹配时，会产生最高的满意度和最低的流动率。例如，社会型的个体应该从事社会型的工作，社会型的工作对现实型的人则可能不合适。

这一模型的关键：

（1）个体之间在人格方面存在着本质差异。

（2）个体具有不同的类型。

（3）当工作环境与人格类型协调一致时，会产生更高的工作满意度和更低的离职可能性。

六种类型的内在关系：

霍兰德所划分的六大类型，并非是并列的、有着明晰的边界的。他以六边形标示出六大类型的关系，如图3-4所示。

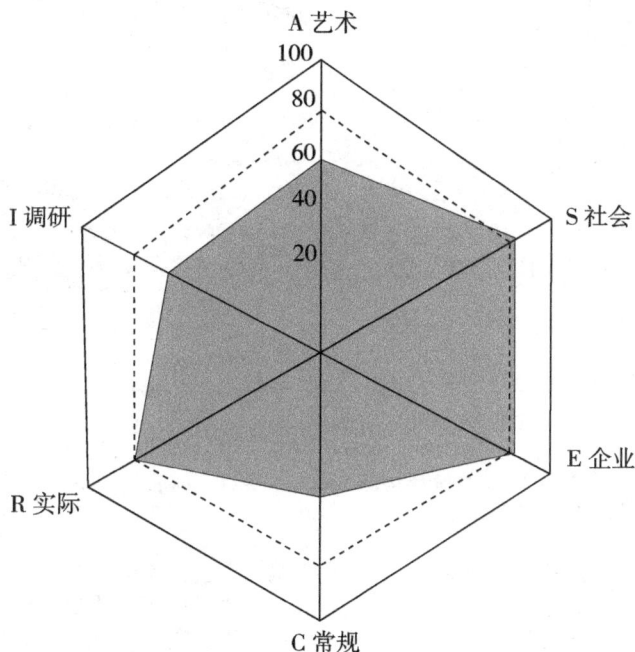

图 3-4　六种类型内在关系

（1）相邻关系，如 RI、IR、IA、AI、AS、SA、SE、ES、EC、CE、RC 及 CR。属于这种关系的两种类型的个体之间共同点较多，现实型 R、研究型 I 的人就都不太偏好人际交往，这两种职业环境中也较少机会与人接触。

（2）相隔关系，如 RA、RE、IC、IS、AR、AE、SI、SC、EA、ER、CI 及 CS，属于这种关系的两种类型个体之间共同点较相邻关系少。

（3）相对关系，在六边形上处于对角位置的类型之间即为相对关系，如 RS、IE、AC、SR、EI 及 CA 即是，相对关系的人格类型共同点少，因此，一个人同时对处于相对关系的两种职业环境都兴趣很浓的情况较为少见。

5. 艾克森情绪稳定性测评

艾克森是英国伦敦大学心理学教授，是当代最著名的心理学家之一，编制过多种心理测评。情绪稳定性测评以被用于诊断是否存在自卑、抑郁、焦虑、强迫症、依赖性、疑心病观念和负罪感（见表3-5）。

表 3-5　　　　　　　　　　七大情绪

分类	情绪不稳定性	情绪适应性
（1）自卑感	自卑（低分者）：自我评价低，自认为自己不被人喜欢	自尊（高分者）：对自己及自己的能力充满自信，认为自己是有价值的、有用的人，并相信自己是受人欢迎的。这种人非常自爱，自高自大
（2）抑郁性	抑郁（低分者）：悲观厌世，易灰心，心情抑郁，对自己的生活感到失望，与环境格格不入，感到自己在这个世界上是多余的	愉快（高分者）：欢快乐观，情绪状态良好，对自己感到满意，对生活感到满足，与世无争
（3）焦虑感	焦虑（高分者）：容易为一些区区小事而烦恼焦虑，对一些可能发生的不幸事件存在着毫无必要的担忧，杞人忧天	安详（低分者）：平静、安详，并且对不合理的恐惧、焦虑有抵抗能力
（4）强迫症	强迫（高分者）：谨小慎微，认真仔细，追求细节的完美，规章严明，沉着稳重，容易因脏污不净、零乱无序而烦恼不安	随意（低分者）：不拘礼仪，随遇而安，不讲究规则、常规、形式、程序
（5）自主性	依赖（低分者）：常缺乏自信心，自认为是命运的牺牲品，易受周围其他人或事件所摆布，趋附权威	自主（高分者）：自主性强，尽情享受自由自在的乐趣，很少依赖别人，凡事自己做主，把自己视为命运的主人，以现实主义的态度去解决自己的问题
（6）疑心病症	疑心病（高分者）：常常抱怨躯体各个部分的不适感，过分关心自己的健康状况，经常要求医生、家人及朋友对自己予以同情	健康（低分者）：很少生病，也不为自己的健康状况而担心
（7）负罪感	负罪（高分者）：自责、自卑，常为良心的折磨所烦恼，不考虑自己的行为是否真正应受到道德的谴责	无负罪（低分者）：很少有惩罚自己或追悔过去行为的倾向

6. 卡特尔 16 种人格因素测验（16PF）

雷蒙德·卡特尔（R. B. Cattell）受化学元素周期表的启发，用因素分析法对人格特质进行了分析，提出了基于人格特质的一个理论模型。模型分成四层：个别特质和共同特质，表面特质和根源特质，体质特质和环境特质，动力特质、能力特质和气质特质。

16 种人格因素问卷是美国伊利诺州立大学人格及能力测验研究所卡特尔教授编制的用于人格检测的一种问卷，简称 16PF。这 16 种人格特质是：乐群性、聪慧性、稳定性、恃强性、兴奋性、有恒性、敢为性、敏感性、怀疑性、幻想性、世故性、忧虑性、实验性、独立性、自律性、紧张性。

16 个相对独立的人格特点对人进行描绘，并可以了解应试者在环境适应、专业成就和心理健康等方面的表现。在人事管理中，16PF 能够预测应试者的工作稳定性、工作效率和压力承受能力等。可广泛应用于心理咨询、人员选拔和职业指导的各个环节，为人事决策和人事诊断提供个人心理素质的参考依据。

16 种人格因素是各自独立的，相互之间的相关度极小，每一种因素的测量都能使被试某一方面的人格特征有清晰而独特的认识，更能对被试人格的 16 种不同因素的组合做出综合性的了解，从而全面评价其整个人格（见表 3-6、表 3-7）。

表 3-6　　　　　　　　　　16 种人格因素

人格因素	低分特征	高分特征
A- 乐群性	缄默、孤独、冷漠	外向、热情、乐群
B- 聪慧性	思想迟钝，学识浅薄，抽象思考能力弱	聪明，富有才识，善于抽象思考，学习能力强，思考敏捷正确
C- 稳定性	情绪激动，易生烦恼，心神动摇不定，易受环境支配	情绪稳定而成熟，能面对现实
E- 恃强性	谦逊、顺从、通融、恭顺	好强固执，独立积极
F- 兴奋性	严肃、审慎、冷静、寡言	轻松兴奋，随遇而安

续表

G- 有恒性	苟且敷衍，缺乏奉公守法的精神	有恒负责，做事尽职
H- 敢为性	畏怯退缩缺乏自信心	冒险敢为，少有顾忌
I- 敏感性	理智的，着重现实，自恃其力	敏感，感情用事
L- 怀疑性	依赖随和，易与人相处	怀疑、刚愎、固执己见
M- 幻想性	现实，合乎成规，力求妥善合理	幻想的，狂放不羁
N- 世故性	坦白、直率、天真	精明能干，世故
O- 忧虑性	安详、沉着、有自信心	忧虑抑郁，烦恼自扰
Q1—实验性	保守的、尊重传统观念与行为标准	自由的、批评激进，不拘泥于现实
Q2—独立性	依赖、随群附众	自立自强，当机立断
Q3—自律性	矛盾冲突，不顾大体	知己知彼，自律谨严
Q4—紧张性	心平气和，闲散宁静	紧张困扰，激动挣扎

表 3-7　　　　　　　　　8 种次级因素

人格因素	低分特征	高分特征
适应与焦虑型 X1	生活适应顺利，通常感到心满意足，能做到所期望的及自认为重要的事情。也可能对困难的工作缺乏毅力，有事事知难而退，不肯奋斗努力的倾向	对生活上所要求的和自己意欲达成的事情常感到不满意。可能会使工作受到破坏和影响身体健康
内向与外向型 X2	内倾，趋于胆小，自足，在与别人接触中采取克制态度，有利于从事精细工作	外倾，开朗，善于交际，不受拘束，有利于从事贸易工作
感情用事与安详机警型 X3	情感丰富而感到困扰不安，它可能是缺乏信心，颓丧的类型，对生活中的细节较为含蓄敏感，性格温和，讲究生活艺术，采取行动前再三思考，顾虑太多	富有事业心，果断，刚毅，有进取精神，精力充沛，行动迅速，但常忽视生活上的细节，只对明显的事物注意，有时会考虑不周，不计后果，贸然行事
怯懦与果断型 X4	怯懦，顺从，依赖别人，纯洁，个性被动，受人驱使而不能独立，为获取别人的欢心会事事迁就	果断，独立，露锋芒，有气魄，有攻击性的倾向，通常会主动地寻找可以施展这种行为的环境或机会，以充分表现自己的独创能力，并从中取得利益

7.MBTI 职业性格测试

20 世纪 40 年代，美国一对母女在荣格的心理学类型理论的基础上提出了一套个性测验模型。伊莎贝尔·迈尔斯（Isabel Myers）和凯瑟琳·布里格斯（Katharine Briggs）把这套理论模型以她们的名字命名，叫作 Myers–Briggs 类型指标 MBTI。Myers–Briggs Type Indicator（MBTI）：作为一种对个性的判断和分析，是一个理论模型，从纷繁复杂的个性特征中，归纳提炼出 4 个关键要素——动力、信息收集、决策方式、生活方式，进行分析判断，从而把不同个性的人区别开来。MBTI 人格分类模型和理论的意义在于"解释人与人之间的差异现象"以及优化决策，对决策流程"进行理性的干预"。

MBTI 人格共有四个维度，每个维度有两个方向，共计八个方面。

分别是：

外向（E）和内向（I）

感觉（S）和直觉（N）

思考（T）和情感（F）

判断（J）和知觉（P）

四个维度在每个人身上会有不同的比重，不同的比重会导致不同的表现，关键在于各个维度上的人均指数和相对指数的大小。

四个维度，两两组合，共有十六种类型。以各个维度的字母表示类型，如下所示：

ESFP、ISFP、ENFJ、ENFP

ESTP、ISTP、INFJ、INFP

ESFJ、ISFJ、ENTP、INTP

ESTJ、ISTJ、ENTJ、INTJ

各种类型拥有不同的性格特点（见表 3–8）。

表 3-8 　　　　　　　　　　MBTI 16 种类型及其特点

类　型	特　点
ISTJ	严肃、安静、借由集中心志与全力投入、及可被信赖获致成功 行事务实、有序、实际、逻辑、真实及可信赖 十分留意且乐于任何事（工作、居家、生活均有良好组织及有序） 负责任 照设定成效来作出决策且不畏阻挠与闲言会坚定为之 重视传统与忠诚 传统性的思考者或管理者
ISFJ	安静、和善、负责任且有良心 行事尽责投入 安定性高，常居项目工作或团体之安定力量 愿投入、吃苦及力求精确 兴趣通常不在于科技方面。对细节事务有耐心 忠诚、考虑周到、知性且会关切他人感受 致力于创构有序及和谐的工作与家庭环境
INFJ	因为坚忍、创意及必须达成的意图而能成功 会在工作中投注最大的努力 默默强力的、诚挚的及用心的关切他人 因坚守原则而受敬重 提出造福大众利益的明确远景而为人所尊敬与追随 追求创见、关系及物质财物的意义及关联 想了解什么能激励别人及对他人具洞察力 光明正大且坚信其价值观 有组织且果断地履行其愿景
INTJ	具强大动力与本意来达成目的与创意—固执顽固者。 有宏大的愿景且能快速在众多外界事件中找出有意义的模范。 对所承负职务，具良好能力于策划工作并完成。 具怀疑心、挑剔性、独立性、果决，对专业水准及绩效要求高。
ISTP	冷静旁观者—安静、预留余地、弹性及会以无偏见的好奇心与未预期原始的幽默观察与分析 有兴趣于探索原因及效果，技术事件是为何及如何运作且使用逻辑的原理组构事实、重视效能 擅长于掌握问题核心及找出解决方式 分析成事的缘由且能实时中大量资料中找出实际问题的核心
ISFP	羞怯的、安宁和善地、敏感的、亲切的、且行事谦虚 喜于避开争论，不对他人强加己见或价值观 无意于领导却常是忠诚的追随者 办事不急躁，安于现状无意于以过度的急切或努力破坏现况，且非成果导向 喜欢有自有的空间及照自定的时程办事

续表

类　型	特　点
INFP	安静观察者，具理想性与对其价值观及重要之人具忠诚心 希望在生活形态与内在价值观相吻合 具好奇心且很快能看出机会所在。常担负开发创意的触媒者 除非价值观受侵犯，行事会具弹性、适应力高且承受力强 具想了解及发展他人潜能的企图。想做太多且做事全神贯注 对所处境遇及拥有不太在意 具适应力、有弹性除非价值观受到威胁
INTP	安静、自持、弹性及具适应力 特别喜爱追求理论与科学事理 习于以逻辑及分析来解决问题—问题解决者 最有兴趣于创意事务及特定工作，对聚会与闲聊无大兴趣 追求可发挥个人强烈兴趣的生涯 追求发展对有兴趣事务之逻辑解释
ESTP	擅长现场实时解决问题—解决问题者 喜欢办事并乐于其中及过程 倾向于喜好技术事务及运动，交结同好友人 具适应性、容忍度、务实性；投注心力于会很快具成效工作 不喜欢冗长概念的解释及理论 最专精于可操作、处理、分解或组合的真实事务
ESFP	外向、和善、接受性、乐于分享喜乐予他人 喜欢与他人一起行动且促成事件发生，在学习时亦然 知晓事件未来的发展并会积极参与 最擅长于人际相处的能力及具备完备常识，很有弹性能立即适应他人与环境 对生命、人、物质享受的热爱者
ENFP	充满热忱、活力充沛、聪明的、富想象力的，视生命充满机会但期能得自他人肯定与支持 几乎能达成所有有兴趣的事 对难题很快就有对策并能对有困难的人施予援手 依赖能改善的能力而无须预作规划准备 为达目的常能找出强制自己为之的理由 即兴执行者
ENTP	反应快、聪明、长于多样事务 具激励伙伴、敏捷及直言讳专长 会为了有趣对问题的两面加予争辩 对解决新及挑战性的问题富有策略，但会轻忽或厌烦经常的任务与细节 兴趣多元，易倾向于转移至新生的兴趣 对所想要的会有技巧地找出逻辑的理由 长于看清楚他人，有智能去解决新的或有挑战的问题

类　型	特　点
ESTJ	务实、真实、事实倾向，具企业或技术天分 不喜欢抽象理论；最喜欢学习可立即运用事理 喜好组织与管理活动且专注以最有效率方式行事以达致成效 具决断力、关注细节且很快作出决策—优秀行政者 会忽略他人感受 喜作领导者或企业主管 做事风格比较偏向于权威指挥性
ESFJ	诚挚、爱说话、合作性高、受欢迎、光明正大的—天生的合作者及活跃的组织成员 重和谐且长于创造和谐 常作对他人有益事务 给予鼓励及称许会有更佳工作成效 最有兴趣于会直接及有形影响人们生活的事务 喜欢与他人共事去精确且准时地完成工作
ENFJ	热忱、易感应及负责任的、具有能鼓励他人的领导风格 对别人所想或希求会表达真正关切且切实用心去处理 能怡然且技巧性地带领团体讨论或演示文稿提案 爱交际、受欢迎及富同情心 对称许及批评很在意 喜欢带领别人且能使别人或团体发挥潜能
ENTJ	坦诚、具决策力的活动领导者 长于发展与实施广泛的系统以解决组织的问题 专精于具内涵与智能的谈话如对公众演讲 乐于经常吸收新知且能广开信息管道 易生过度自信，会强于表达自己创见 喜于长程策划及目标设定

8.DISC 性格测试

DISC 理论由美国心理学家威廉·莫尔顿·马斯顿博士（Dr. William Moulton Marston）在 1921 年的著作《常人的情绪》（Emotion of Normal People）中提出。DISC 理论对不同的年龄、性别、种族、国别的人们均适用，已经成为人类共同的性格语言。迄今为止，有多家公司根据 DISC 理论开发出相应的 DISC 性格测试，已经广泛应用于政府、军队和企业。

　　由于 DISC 测试施测的简便性以及测试结果使用的便利性，DISC 测试受到企业界的热烈欢迎，成为影响力不亚于 MBTI 测试的常用性格测试。DISC 性格测试主要从 ［D：Dominance（支配性）、I：Influence（影响性）、S：Steadiness（稳定性）、C：Compliance（服从性）］四个主维度特质对个体进行描绘（见表 3-9）。

表 3-9　　　　　　　　　　　四个维度

维　度	一般描述	对团队的贡献
支配性（D）	爱冒险的、有竞争力的、大胆的、直接的、果断的、创新的坚持不懈的、问题解决者、自我激励者 　　高 D 的情绪特征：愤怒	**对团队的贡献：** 基层组织者 前瞻性的 以挑战为导向 发起运动 有创新精神 **压力下的倾向：** 高要求的 紧张的 有野心的，好侵略的 自负的 非日常工作的 带有挑战性和机遇的工作 **理想环境：** 不受控制、监督和琐碎事困扰 革新的、以未来为导向的环境 表达思想和观点的论坛或集会 **可能的缺陷：** 过度使用地位 制定的标准太高 缺乏圆滑和变通 承担高速、过多的责任

续表

维　度	一般描述	对团队的贡献
影响性（I）	有魅力的、自信的、有说服力的、热情的、鼓舞人心的、乐观的、令人信服的、受欢迎的、好交际的、可信赖的 高 I 的情绪特征：乐观	乐观、热情 创造性地解决问题 激励其他人为组织目标而奋斗 团队合作者 通过协商缓解冲突 **理想环境：** 人们之间密切联系 不受控制和琐碎事的困扰 有活动的自由 有传播思想的论坛或集会 有相互联系的民主监督者 **压力下的倾向：** 自我提高 过分乐观 过多的言语 不现实的 **可能的缺陷：** 不注意细节 在评价人方面不现实 不加区分地相信人 情境下的倾听者
稳定性（S）	友善的、亲切的、好的倾听者、有耐心的、放松的、热诚的、稳定的、团队合作者、善解人意的、稳健的 高 S 的情绪特征：非情绪化的	可靠的团队合作者 为某一领导或某一原因而工作 有耐心和同情心 逻辑性的思维 服务取向 **理想环境：** 稳定的、可预测的环境 变化较慢的环境 长期的团队合作关系 人们之间较少冲突 不受规则的限制 **压力下的倾向：** 非感情表露者 漠不关心 犹豫不决 坚定的 **可能的缺陷：** 倾向于避免争论 在确定优先权时遇到困难 不喜欢非正当的变化

维　度	一般描述	对团队的贡献
服从性（C）	准确的、有分析力的、谨慎的、谦恭的、圆滑的、善于发现事实、高标准、成熟的、有耐心的、严谨的 高C的情绪特征：害怕	善于下定义、分类、获得信息并检验 客观的、"现实的锚" 保持高标准 有责任心，稳健可靠 综合性的问题解决者 小团体的亲密关系 相似的工作环境 私人办公室或工作环境 **压力下的倾向：** 悲观的 挑剔的 过分批评 紧张的、大惊小怪的 **可能的缺陷：** 受批评时采取防御措施 常陷入细节之中 对环境过分热衷 似乎有点冷漠和疏远 **理想环境：** 需要批判性的思维 技术或专业领域

9.PDP 性格测试

PDP 的全称是 Professional Dyna-Metric Programs（行为特质动态衡量系统），它由美国南加州大学统计科学研究所、英国 Rtcatch 行为科学研究所共同发明，它可以测量出个人的基本行为、对环境的反应和可预测的行为模式。

PDP 是一个用来衡量个人行为的特质、活力、动能、压力、精力及能量变动情况的系统。它根据人的天生特质，将人群分为五种类型，即：支配型、外向型、耐心型、精确型、整合型。为了将这五种类型的个性特质形象化，根据其各自的特点，这五类人群又分别被称为"老虎""孔雀""无尾熊""猫头鹰""变色龙"。

不难看出 PDP 其实和 MBTI 和 DISC 有很多似曾相识的维度。不过比较形象，让人容易想象：这几个动物性格实在是太明显和有独特个性了。比如孔雀好比 MBTI 中的 E，外向型，好表现。比如老虎好比 DISC 中的 D 型，支配欲强，好胜心强。比如变色龙好比 MBTI 中的 P 型，适应能力强。比如猫头鹰好比 MBTI 中的 S 型，精确，细致，重视实实在在的数据。比如无尾熊好比 DISC 中的 C 型，敦厚老实，善良淳朴，是稳定的跟随者。不过无论如何，相对而言，PDP 简易量表有其独特的直观特性，也方便记忆。

• 老虎型（支配型 Dominance）

"老虎"一般企图心强烈，喜欢冒险，个性积极，竞争力强，凡事喜欢掌控全局发号施令，不喜欢维持现状，行动力强，目标一经确立便会全力以赴。它的缺点是在决策上较易流于专断，不易妥协，故较容易与人发生争执摩擦。如果下属中有"老虎"要给予他更多的责任，他会觉得自己有价值，布置工作时注意结果导向，如果上司是老虎则要在他面前展示自信果断的一面，同时避免在公众场合与他唱反调。中外名人中毛泽东、朱镕基以及前英国首相撒切尔夫人为较典型的老虎型，宏基集团的施振荣和前美国 GE 总裁韦尔奇（Jack Welch）等，都是老虎型领导人，德国为老虎型人数最多的国家。

个性特点：有自信，够权威，决断力高，竞争性强，胸怀大志，喜欢评估。企图心强烈，喜欢冒险，个性积极，竞争力强，有对抗性。

优点：善于控制局面并能果断地作出决定的能力；用这一类型工作方式的人成就非凡。

缺点：当感到压力时，这类人就会太重视迅速地完成工作，就容易忽视细节，他们可能不顾自己和别人的情感。由于他们要求过高，加之好胜的天性，有时会成为工作狂。

老虎型工作风格的主要行为：交谈时进行直接的目光接触；有目的性且能迅速行动；说话快速且具有说服力；运用直截了当的实际性语言；办公室挂有日历、计划要点。

老虎型领导人都倾向以权威作风来进行决策，当其部属者除要高度服从外，也要有冒险犯难的勇气，为其杀敌闯关。

老虎型族人最适合开创性与改革性的工作，在开拓市场的时代或需要执行改革的环境中，最容易有出色的表现。

● 孔雀型（表达型 Extroversion）

"孔雀"热情洋溢，好交朋友，口才流畅，重视形象，善于人际关系的建立，富同情心，最适合人际导向的工作。对孔雀要以鼓励为主给他表现机会保持他的工作激情，但也要注意他的情绪化和防止细节失误。孙中山、克林顿、里根、戈尔巴乔夫都是这一类型的人，美国是孔雀型人最多的国家。

个性特点：很热心、够乐观、风度翩翩、诚恳热心、热情洋溢、个性乐观、表现欲强。

优点：此类型的人生性活泼。能够使人兴奋，他们高效地工作，善于建立同盟或搞好关系来实现目标。他们很适合需要当众表现、引人注目、态度公开的工作。

缺点：因其跳跃性的思考模式，常无法顾及细节以及对事情的完成执着度。缺点是容易过于乐观，往往无法估计细节，在执行力度上需要高专业的技术精英来配合。

孔雀型工作风格的主要行为：运用快速的手势；面部表情特别丰富；运用有说服力的语言；工作空间里充满了各种能鼓舞人心的东西。

孔雀具有高度的表达能力，他的社交能力极强，有流畅无碍的口才和热情幽默的风度，在团体或社群中容易广结善缘、建立知名度。孔雀型领导人天生具备乐观与和善的性格，有真诚的同情心和感染他人的能力，在以团队合作为主的工作环境中，会有最好的表现。

孔雀型领导人在任何团体内，都是人缘最好的人和最受欢迎的人，是最能吹起领导号角的人物。当孔雀型领导人的部属者，除要能乐于在团队中工作外，还要对其领导谦逊得体，不露锋芒、不出头，把一切成功光华都让与领导。孔雀型领导人，不宜有个老虎型领导人当二把手或部属。

反之，若老虎型领导人有个孔雀型的人甘愿当其二把手，则会是最佳搭配。孔雀型的人天生具有鼓吹理想的特质，在推动新思维、执行某种新使命或推广某项宣传等任务的工作中，都会有极出色的表现。

• 无尾熊（耐心型 Pace/Patience）

"无尾熊"具有高度的耐心。他敦厚随和，行事冷静自持；生活讲求律规但也随缘从容，面对困境，都能泰然自若。无尾熊型领导人，适宜当安定内部的管理工作，在需要专业精密技巧的领域，或在气氛和谐且不具赶迫时间表等的职场环境中，他们最能发挥所长。当企业的产品稳居市场时，无尾熊型的企业领导人是极佳的总舵手。但当企业还在开拓市场的时候，老虎型或孔雀型的人似乎较占优势。

个性特点：很稳定，够敦厚，温和规律，不好冲突。行事稳健，强调平实，有过人的耐力，温和善良。

优点：他们对其他人的感情很敏感，这使他们在集体环境中左右逢源。缺点：很难坚持自己的观点和迅速作出决定。一般说来，他们不喜欢面对与同事意见不合的局面，他们不愿处理争执。

无尾熊型工作风格的主要行为：面部表情和蔼可亲；说话慢条斯理，声音轻柔；用赞同型、鼓励性的语言；办公室里摆有家人的照片。

或许，勇于开疆辟土的老虎型的人当一哥，配以与人为善的无尾熊型人当二把手，也是好的搭配。无尾熊型领导人强调无为而治，能与周围的人和睦相处而不树敌，是极佳的人事领导者，适宜在企业改革后，为公司和员工重建互信的工作。又由于他们具有高度的耐心性，有能力为企业赚取长远的利益，或为公司打好永续经营的基础。

• 猫头鹰型（精确型 Conformity）

"猫头鹰"具有高度精确的能力，其行事风格，重规则轻情感，事事以规则为准绳，并以之为主导思想。他性格内敛、善于以数字或规条为表达工具而不大擅长以语言来沟通情感或向同事和部属等作指示。他行事讲究条理分明、守纪律重承诺，是个完美主义者。

　　个性特点：很传统，注重细节，条理分明，责任感强，重视纪律。保守，分析力强，精准度高，喜欢把细节条例化，个性拘谨含蓄。

　　优点：天生就有爱找出事情真相的习性，因为他们有耐心仔细考察所有的细节并想出合乎逻辑的解决办法。

　　缺点：把事实和精确度置于感情之前，这会被认为是感情冷漠。在压力下，有时为了避免作出结论，他们会分析过度。

　　猫头鹰型工作风格的主要行为：很少有面部表情；动作缓慢；使用精确的语言，注意特殊细节；办公室里挂有图表、统计数字等。

　　架构稳定和制度健全的组织最好聘用猫头鹰型的人来当各级领导人，因为猫头鹰型领导人喜欢在安全架构的环境中工作，且其表现也会最好。其行事讲究制度化，事事求依据和规律的习性，极为适合事务机构的行事方式。然而，当企业需要进行目标重整、结构重组、流程变革时，猫头鹰型领导人就会产生迷失，不知如何处事，也不知如何自处。对改革行动，上者会先保持观望的态度，再慢慢适应新的局面；中者也会先保持观望的态度，然后呈词求去；下者则会结集反对力量，公然表示反对或隐晦地从事反对等的行为。

　　又由于猫头鹰型人的行事决策风格，是以数据和规则为其主导思想，其直觉能力和应变能力都偏低，随而创造和创新能力也相对地弱，因而不宜担任需要创建或创新能力的任务。组织完善和发展安定的企业，宜用猫头鹰型企管人当家。

　　他们尊重传统、重视架构、事事求据，喜爱工作安定的性格，是企业安定力量的来源。然而，由于他们行事讲究制度化，事事求依据和规律，故会将细节条例化，事事检查以求正确无误，甚至为了办事精确，不惜对人吹毛求疵或挑剔别人的错误，以显现自己一切照章办事的态度和求取完美的精神，不易维持团队内的团结精神和凝聚力。

　　●变色龙型（整合型 1/2 Sigma）

　　个性特点：具有高度的应变能力，性格善变，处事极具弹性，能为了适应环境的要求而调整其决定甚至信念。

优点：善于在工作中调整自己的角色去适应环境，具有很好的沟通能力。缺点：从别人眼中看变色龙族群，会觉得他们较无个性及原则。

变色龙型工作风格的主要行为：综合老虎、孔雀、无尾熊、猫头鹰的特质，看似没有突出个性，但擅长整合内外资源；没有强烈的个人意识形态，是他们处事的价值观。

变色龙型的领导人，是支配型、表达型、耐心型、精确型等四种特质的综合体，没有突出的个性，擅长整合内外信息，兼容并蓄，不会与人为敌，以中庸之道处世。他们处事圆融，弹性极强，处事处处留有余地，行事绝对不会走偏锋极端，是一个办事让你放心的人物。然而，由于他们以善变为其专长，故做人不会有什么立场或原则，也不会对任何人有效忠的意向，是个冯道式的人物。部属会难以忍受其善变和不讲原则的行为；当他们上司者，则会日夜担心不知何时会遭其出卖。

变色龙型的领导人既没有突出的个性，对事也没有什么强烈的个人意识形态，事事求中立并倾向站在没有立场的位置，故在冲突的环境中，是个能游走折中的高手。由于他们能密切地融合于各种环境中，他们可以为企业进行对内对外的各种交涉，只要任务确实和目标清楚，他们都能恰如其分地完成其任务。

10. 韦氏智力测验

韦氏智力量表（Wechsler Intelligence Scales）由美国心理学家韦克斯勒（David Wechsler）编制，是国际通用智力量表。它包括 11 个分测验，分成言语量表和操作量表两部分。

言语部分：知识、领悟、算术、相似性、数字广度、词汇等 6 个分测验；操作部分：数字符号、图画填充、木块图、图片排列、图形拼凑等 5 个分测验，进行言语理解能力、记忆能力、注意能力、知觉组织能力几方面测评（见表 3-10）。

表 3-10　　　　　　　　　　　韦氏智力量表

分测名称		所欲测试的内容
言语量表	常　识	知识广度、一般学习能力及对日常事物的认识能力
	背　数	注意短暂记忆力
	词　汇	言语理解能力
	算　术	数学推理能力、计算和解决问题的能力
	理　解	判断能力和理解能力
	类　同	逻辑思维和抽象概括能力
操作量表	填　图	视觉记忆、辨认能力，视觉理解能力
	图片排列	知觉组织能力和社会情境的理解能力
	积木图	分析综合能力、知觉组织视动协调能力
	图形拼凑	概括思维能力与知觉组织能力
	数字符号	知觉辨别速度与灵活性

11. 劳德赛创创造力测评

美国心理学家尤金·劳德赛，设计了一套测验题，并指出试验者只需 10 分钟左右的时间，就可测出自己的创造力水平。

试验时，只需在每一句话后面，用一个字母表示同意或不同意，同意的用 A，不同意的用 C，不清楚或吃不准的用 B。然后根据这些结果得出被测者的创造力水平：（具体题目此处略）

110 ~ 140 创造力非凡

85 ~ 109 创造力很强

55 ~ 84 创造力强

30 ~ 54 创造力一般

15 ~ 29 创造力弱

–21 ~ 14 创造力很弱

二、职业的能力分析

根据上述能力分析新模型，职场中能力评价的指导思想，是"以职业能力为依据，以个人能力为核心，以团队能力为目标"。因此，需要以职业能力为基础，进行分析与阐述。

职业不同于职位，职业能力也就不同于常说的职位能力。

（一）职业的领域与层次

职业不只是所处的行业，也不只是对应的职位与职级，而是由所处的职能领域与职务层次构成（见图3-5）。

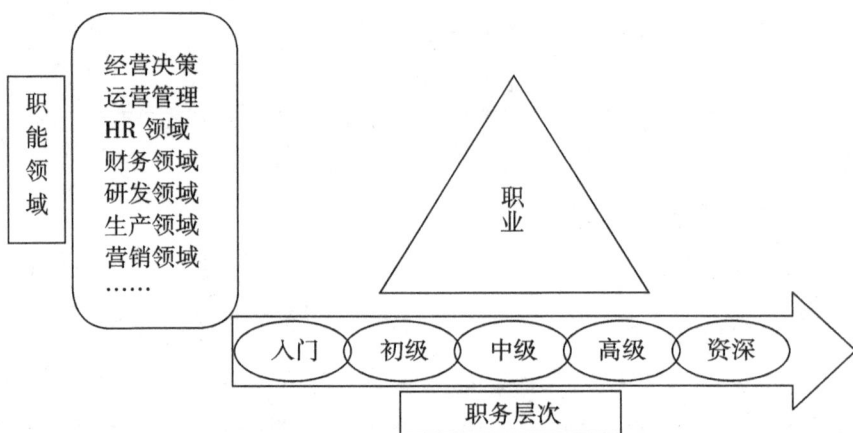

图 3-5　职业的领域与层次

通常关于能力分析与应用的体系，都是基于职位分析逐层进行的，职位又都是依附于组织结构、部门设置。

在实际运作中，不少职位的共性、个性都跨越了组织与部门的划分，它们之间更多是基于所处的领域、层次不同，而需要具备对应的能力水平。

为什么要分析职业所处的领域？

比如人力资源领域与财务领域，这是两个业务对象完全不同的领域，它们各自的理论基础、管理方法、操作工具自然不同；在同一个领域内部，不管叫什么职位，比如 HRD、HRM、HRBP，它们虽然职务层次的不同，但他们的理论基础、管理方法、操作工具是相同的，只是具体的任务、目标与视角不同而已。因此，从职业领域分析职位的能力要求，比简单地依附组织部门的职位分析更加合理、合适、简明、系统。

为什么要分析职业所处的层次？

因为不同的层次，对企业所承担的责任、使命不同，这就需要分析各个职务层次所需要具备心态、思维与魄力，包括自身的优势与资源，职务层次赋予的权力与资源。同时，不管是什么领域，同一层次的职位，它们之间存在很多共性。比如财务高管、生产高管、营销高管，这些不同领域的职务都需要具备较强的管理协调、组织运谋、洞察判断能力。

因此，对职业能力的分析，最终是落在职能领域与职务层次的交叉点上，才能准确、实用、有效的剖析。

（二）职业能力的重新分类

业界关于职业能力分类与测评各式各样、各有千秋。本书传承了各家学术的优点，设计出更加精简实用的 3×3 模式职业能力分类，即 3 大主分类，9 大次分类，每个次分类提炼出 2~5 个能力项，共计 35 个能力项，所涉能力的因素精简、丰富与全面（见表 3-11）。

表 3-11　　　　　　　　　　职业能力新解表

能力分类		能力项	关键词或描述
职业机会	职业性格	自我成就	自我管理、目标导向、坚持不懈、成就感、事业心、成长、机会
		追求完美	细致、严谨、周到、高标准、高要求、极致、精准、苛刻、强迫、严格
		专业智慧	专业、理解、灵活、创新
		敬本务实	认真执行与贯彻、不折不扣、脚踏实地、勤勤恳恳、兢兢业业
		安全谨慎	谨小慎微、按部就班、顾头顾尾、保守、控制
	职业心理	积极进取	主动、积极、企图、动机、乐观、自信、坚韧
		意志顽强	坚持、隐忍、韧性、屡败屡战、越挫越勇
		情绪控制	冷静、亲和、互动、纪律
		抗压适应	适应、压力、负荷、误解、孤寂
		冒险挑战	标新立异、反传统、冒险、探索
	职业倾向	事业型	追求权力、权威和物质财富，具有领导才能。喜欢竞争、敢冒风险、有野心、有抱负。为人务实，习惯以利益得失、权力、地位、金钱等来衡量做事的价值，做事有较强的目的性
		艺术型	有创造力，乐于创造新颖、与众不同的成果，渴望表现自己的个性，实现自身的价值。做事理想化，追求完美，不重实际。具有一定的艺术才能和个性。善于表达、怀旧、心态较为复杂
		调研型	思想家而非实干家，抽象思维能力强，求知欲强，肯动脑，善思考，不愿动手。喜欢独立的和富有创造性的工作。知识渊博，有学识才能，不善于领导他人。考虑问题理性，做事喜欢精确，喜欢逻辑分析和推理，不断探讨未知的领域
		实际型	愿意使用工具从事操作性工作，动手能力强，做事手脚灵活，动作协调。偏好于具体任务，不善言辞，做事保守，较为谦虚。缺乏社交能力，通常喜欢独立做事
		常规型	尊重权威和规章制度，喜欢按计划办事，细心、有条理，习惯接受他人的指挥和领导，自己不谋求领导职务。喜欢关注实际和细节情况，通常较为谨慎和保守，缺乏创造性，不喜欢冒险和竞争，富有自我牺牲精神

续表

能力分类		能力项	关键词或描述
职业机会	职业风险	稳定性	职业对人才稳定性要求所带来的风险，比如人才获取、流失、培养的周期与难度
		机密性	职业所涉及的经营机密风险，比如核心竞争业务、技术、数据等方面信息
		经济性	职业所涉及的等经济方面的风险，比如财务、资金、各种资源等
		责任性	职业责任感与自主性所涉及的风险，比如高层管理者的敬业责任感等
		生理性	职业对人才生理要求或影响的风险，比如特殊工种对员工体质的要求，或者相应工作对身心的伤害等
职业驱动	职业愿景	使命	该职业可以或者需要去完成某种社会较深层次的使命，比如华为集团的寓意就是"中华有为""中华有为"就是华为集团的民族使命
		事业	该职业可以、或者需要去完成某种实业，比如办个企业等
		成就	该职业可以带给人精神方面的名誉、成就感
	职业目标	物质	该职业可以实现物质方面的经济收益，实现财务自由
		地位	该职业可以带来晋升、权力与地位
		认同	该职业可以获取社会、他人的认同、支持与赞美
	职业企图	升迁	该职业有助于仕途升迁
		利益	该职业可以获取丰富的权利与富碌
		占有	该职业可以对资源、权势的占有、调配与控制
职业要求	职业认知	行业知识	指需要了解该职业所处行业的相关知识，比如金融行业、互联网行业等
		领域知识	指需要了解该职业所处领域的相关知识，比如人力资源领域、财务领域、研发领域、营销领域、制造领域等
	职业经验	行业经验	指需要具备该职业所处行业的相关实践与经验
		领域经验	指需要具备该职业所处领域的相关实践与经验
	职业技能	专业技能	指需要掌握该职业所处行业的具体操作、运转与技能
		相关技能	指需要掌握该职业所处领域的具体操作、运转与技能

（三）职业能力的重要程度

不同的职业，针对通用或专用的职业能力要求是不同的，可以根据重要程度把对应能力分为四类，即必要、优先、附加、边沿（见表3-12）。

表3-12　　　　　　　　　　能力重要度分类表

能力重要度分类		职业能力分类描述
1	必要	表示对应能力，是胜任该职业必需的条件，不具备时可以进行一票否决
2	优先	表示对应能力，是胜任该职业优先选择的条件，但不具备也不会产生绝对影响
3	附加	表示对应能力，是胜任该职业可扩充的条件，目前来说是否拥有它并无关系
4	边沿	表示对应能力，是胜任该职业关联不明的条件，可以暂不作关注与分析

三、个人的能力分析

个人的能力分析，首先要根据上述能力分析新模型，针对个人能力的范围与分类进行新的解读，然后评估某项能力的程度，以及能力展示与发展的情况，最后找找出个人能力的优势与短板。

（一）个人能力重解

如上文所述，个人能力是一种综合的体现，它不只包括大家所熟悉的能力（知识、技能与经验）素质（性格特质）之外，还包括心理情绪、行为风格、行事动机，以及外在的权力、资源与环境等因素的影响。并且这些构成或影响个人综合能力水平的因素，有些是先天形成的，有些是后天塑造的，有些是相对静态不变的，有些是相对动态变化的，如图3-6所示。

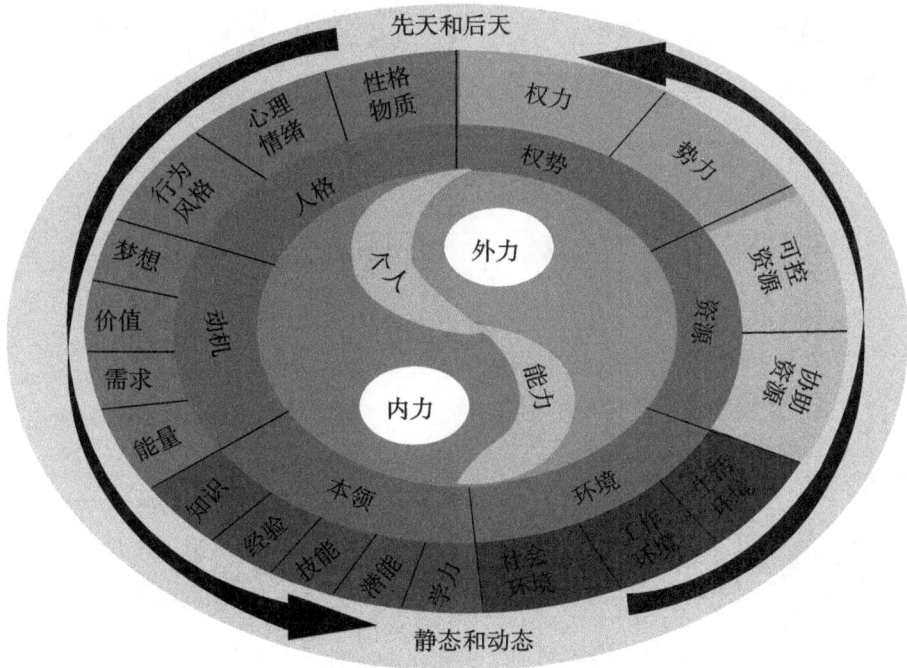

图 3-6　个人能力新解

　　根据冰山理论，冰山下的是素质、是先天性的，相对不变的；冰山上的是能力、是后天性的，可以改变。而事实上，这种划分并不尽然，比如一个人先天较为内向，不善言词，但经过某种外力的熏陶，他有可能出现 180 度逆转，成为能说会道的活跃分子。

　　根据上述思路与观点，可以把个人能力的构成，进行整合与简化，设计出 3 大内力、3 大外力，共分 19 类，归纳为 50 个能力项（见表3-13）。

表 3-13　　　　　　　个体能力新解表

能力分类			能力项	关键词或描述	先天 / 后天	静态 / 动态
内力	人格	性格特质	外向 / 内向	活力、交际、适应	先天为主后天为辅	相对静态难变
			理性 / 感性	客观、主观、理智、冲动、感觉、直觉、思考、情感	先天为主后天为辅	相对静态难变
			坦诚 / 心机	直率、圆滑、狡诈	先天为主后天为辅	相对静态难变
			自私 / 奉献	亲和、助人、同理、责任、服务、团队、利他、信任	先天 + 后天	相对动态变化
			独立 / 依赖	自我、自主、从众、跟随、自律、自控、任性、顺从	先天 + 后天	相对动态变化
		心理情绪	自信 / 自卑	包容、负罪、敏感、多疑、乐观、应变	先天 + 后天	相对动态变化
			积极 / 消极	主动、被动、激情、懒散、进取	先天 + 后天	相对动态变化
			顽强 / 动摇	意志坚定、犹豫、软弱、屈服、适应、抗压、决心	先天 + 后天	相对动态变化
			坦然 / 焦虑	开朗、抑郁、耐心、急躁、平静、暴躁、恐惧、不安	先天 + 后天	相对动态易变
			合群 / 孤僻	疏远、表现	先天 + 后天	相对动态易变

续表

能力分类			能力项	关键词或描述	先天/后天	静态/动态
内力	人格	行为风格	结果/过程	目标、责任	后天为主先天为辅	相对动态易变
			高效/拖拉	行动、执行、计划、承诺、果断、优柔、快速	后天为主先天为辅	相对动态易变
			严谨/轻率	缜密、精确、细致、粗放、冒失、敷衍、马虎、鲁莽、武断、草率、谨慎、苛求	后天为主先天为辅	相对动态易变
			开放/保守	灵活、刻板、苛刻、强迫、挑战、冒险、循规、固执、偏执	后天为主先天为辅	相对动态易变
			配合/叛逆	服从、纪律、团队、指令、参与、合作、对抗、我行我素、标新立异、阳奉阴违	后天为主先天为辅	相对动态易变
	动机	梦想	欲望	权力、财富、名誉、追求	后天+先天	动态易变
			兴趣	职业锚、天资	后天为主先天为辅	相对动态易变
		价值	人生观	诚信、正直、良知、怜爱	后天为主先天为辅	相对动态易变
			世界观	意识、思维、唯心、唯物、自然、政治、经济、社会	后天为主先天为辅	相对动态易变
			价值观	竞争、商业、利益	后天+先天	动态易变

续表

能力分类			能力项	关键词或描述	先天/后天	静态/动态
内力	动机	需求	生 理	生存、生理	后 天	相对动态易变
			安 全	稳定、安全、保障	后 天	动态易变
			归 属	教育、信仰、情感	后 天	动态易变
			尊 重	认同、认可、信心、道德	后 天	动态易变
			自 我	成就、实现、成长、机会、超越	后 天	动态易变
		能量	正能量	正义、公道	后 天	动态易变
			负能量	破坏、阴谋	后 天	动态易变
	本领	知识	学 识	学历、知识	后 天	动态易变
			认 知	接收、检测、转换、合成、编码、储存、提取、重建、形成、判断、解决、加工、概念、知觉、想象	后 天	动态易变
		经验	经 历	资历、履历	后 天	动态易变
			阅 历	理解、收获	后 天	动态易变
			沉 淀	思想、沉淀	后 天	动态易变
		技能	沟通协调	交流、讨论、合作、妥协	后 天	动态易变
			组织规划	计划、执行	后 天	动态易变
			运谋决策	分析、判断、洞察、前瞻、预测	后 天	动态易变

续表

能力分类			能力项	关键词或描述	先天/后天	静态/动态
内力	本领	技能	领导影响	教练、指令、控制、支配、人际关系、认同、互动、敢为、全局、督导、激励、信任、感召	后天	动态易变
			专业技术	各领域的专业与技术	后天	动态易变
		潜能	低估的	已发现但被低估的能力	后天	动态易变
			未知的	未被发现的能力	后天	动态易变
			未用的	已发现但未被使用的能力	后天	动态易变
		学力	学习	记忆、模仿、运用	后天	动态易变
			领悟	理解、言语推理、数字推理、逻辑推理	后天	动态易变
			创新	重组、突破、创新	后天	动态易变
外力	权势		权力	职务、授权、集权	后天	动态易变
			势力	帮派、隐形力量、追随者	后天	动态易变
	资源		可控资源	可以直接调配的人财物等资源	后天	动态易变
			协助资源	可以借力的外部协助资源	后天	动态易变

能力分类			能力项	关键词或描述	先天/后天	静态/动态
外力	环境资源	生活环境		所处的家庭等生活环境	后　天	动态易变
		工作环境		所处的工作氛围等环境	后　天	动态易变
		社会环境		所处的社会政治、经济、人文、世俗等大环境	后　天	动态易变

说明：

（1）关于每个能力项及其关键词的定义，业界有很多详细的分析，本书不重复描述。

（2）能力分类与能力项不需要太多，把相对固定的素质，抽象归纳成为几大类能力，每类能力只保留较为常用、实用的 3 ~ 5 项。

（3）业界所细分很多的能力词条，可以纳入相关能力项的对应关键词中进行解读。

（二）个人能力的强弱程度

不同的个体，拥有不同的能力，每一种能力也存在不同的强弱程度，根据对应能力的从弱到强，划分为忽略、稍弱、平常、稍强、显著等五个等级（见表 3-14）。

表 3-14　　　　　　　　　能力强弱度标准

能力强弱程度		能力强弱程度描述
1	忽略	表示对应的能力水平，或对能力的影响很弱，几乎可以忽略它的存在
2	稍弱	表示对应的能力水平，或对能力的影响较弱
3	平常	表示对应的能力水平在大家的平均值左右，即不突出也不落后，或对能力的影响属于中等
4	稍强	表示对应的能力水平，或对能力的影响较强
5	显著	表示对应的能力水平相当出色，或对能力的影响十分明显

（三）个人能力展示与发挥

不同的能力，或在不同时间与环境，它所被展示与发挥的情况是不同的，根据对应能力展示与发挥的程度从少到多，划分为忽视、较少、中等、较多、充分五个等级（见表3–15）。

表3–15　　　　　　　　　能力展示与发挥程度标准

能力展示与发挥程度		能力展示与发挥程度描述
1	忽视	表示对应能力没有被展示或发挥，几乎可以被忽视
2	较少	表示对应能力被展示的机会或发挥的平台很有限
3	中等	表示对应能力被展示的机会或发挥的平台属于中等
4	较多	表示对应能力被展示的机会或发挥的平台较多
5	充分	表示对应能力被展示的机会很多，或提供发挥的平台足够

（四）个人能力优势与短板

针对个人能力进行分析，目的是找到个人能力方面的优势与短板，以便扬长避短、人尽其才，并为人才培养提供方向与依据，如图3–7所示。

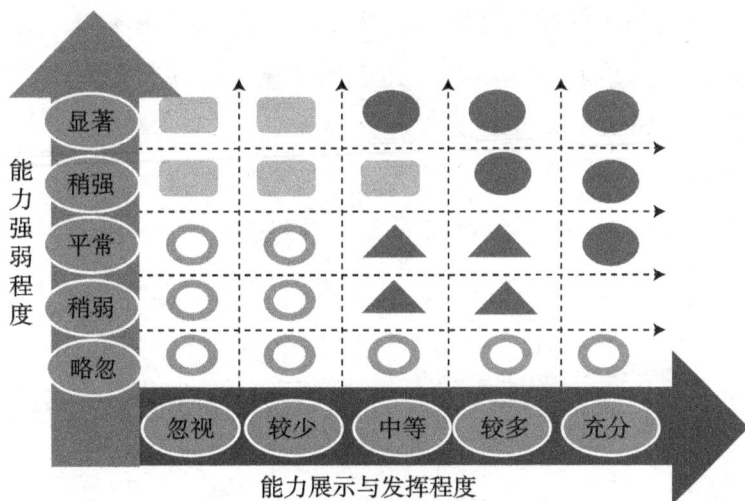

图3–7　能力优势与短板分析

根据图3-7，针对个人能力强弱程度与能力展示、发挥程度对应的等级进行交叉分析，可以得知：

圆形区：这是个人能力的优势部分，是需要继续发扬光大的能力。

矩形区：这是个人能力的潜力部分，即有能力没发挥，需要给予平台与机会。

三角区：这是个人能力的误导部分，即能力不强，却被给了太多机会，需要逐步削弱。

圆环区：这是个人能力的短板部分，即能力弱也没给予机会，干脆就进行回避。

很多企业，在进行人才培养时，习惯不分"青红皂白"地全面培养，总想把人才打造成"又红又专"、无所不能的"奥特曼"。本书的观点有所不同，就是希望找到个人的优势，回避个人的短板。

四、团队的能力分析

人才的能力，既体现于个体，也需在团队中展示与发挥。

（一）团队能力的来源

所谓团队，是为了完成某共同目标或任务的一群人的集合。那么团队能力，就是由对应的业务目标决定需要哪些职业能力，然后根据这些职业能力选取具备相应能力的个体，最终由这群个体的能力组合成团队能力，如图3-8所示。

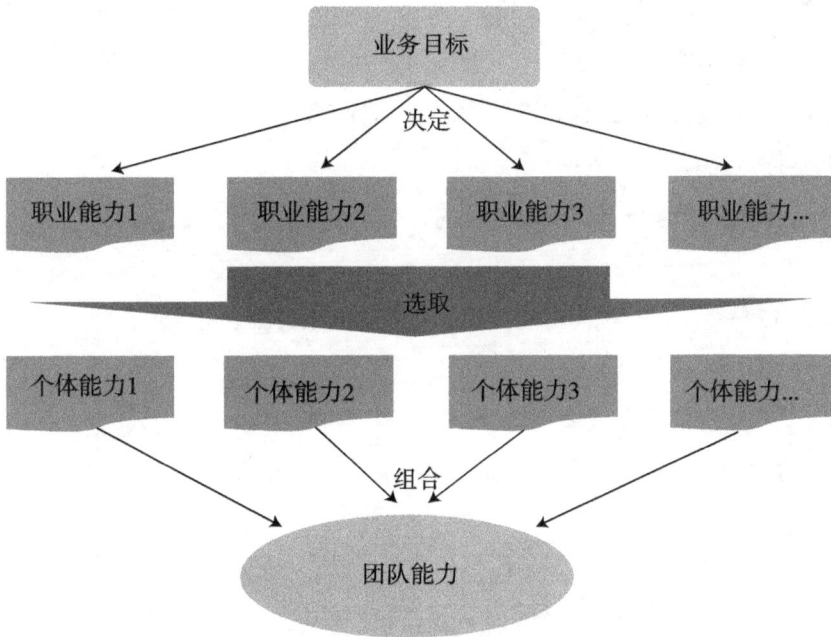

图 3-8　团队能力来源分析

（二）团队能力聚合反应

团队能力不是简单地累加，而是复杂的力学模型。根据图 3-1 的能力分析新模型，团队能力组合主要存在相辅、互斥、共生三种聚合反应。

1. 不同成员不同能力项之间的能力聚合分析（见表 3-16）

表 3-16　　　　　　按不同个体所具有能力进行聚合分析

项目	个体 A 能力项 1	个体 A 能力项 2	个体 A 能力项 3	个体 A 能力项…
个体 B 能力项 1	相　辅			
个体 B 能力项 2		互　斥		
个体 B 能力项 3			共　生	
个体 B 能力项…				

此分析表说明 A 与 B 的能力项 1 是可以互相辅助的，能力项 2 是互相排斥与压制的，能力项 3 是互不干涉的，那么在团队管理时，应把 A 与 B 的能力项 2 划为割离区，让他们在能力项 1 中合作，在能力项 3 中各自发挥。

2. 不同成员同一能力项之间的能力聚合分析（见表 3-17）。

表 3-17　　　　　　按同一能力项的不同个体进行聚合分析

能力项 1	个体 A	个体 B	个体 C	个体…
个体 A	—	相　辅	—	
个体 B		—	互　斥	
个体 C	共　生		—	
个体…				

此分析表说明个体 A 与个体 B 可以安排在一个团队，将产生互相合作的化学反应；不能把个体 B 与个体 C 的安排在一起合作，这只能增加内耗甚至内斗；个体 A 与个体 C 可以安排在一个团队，他们虽不会互相合作无间，但也是相安无事的那种。

（三）团队能力的组合

根据团队中各成员的能力特点，进行强强、互补、梯队三方面的组合分析，阐述个人能力、团队能力的关系以及如何过渡（见表 3-18）。

表 3-18　　　　　　　　　　团队组合关系表

团队成员	个体 A	个体 B	个体 C	个体…
个体 A	—	强强组合	—	
个体 B		—	互补组合	
个体 C	梯队组合		—	
个体…				

　　个体 A 与个体 B 的组合，因为他们拥有该团队所需职业能力对应的个体能力项都很出色，并且处于相辅或共生的状态，就是强强组合。

　　个体 B 与个体 C 的组合，因为他们拥有该团队所需职业能力对应的个体能力项是你有我无、你无我有或者你强我弱、你弱我强的相辅状态，就是互补组合。

　　个体 A 与个体 C 的组合，因为他们拥有该团队所需职业能力对应的个体能力项是存在强弱、层次、先后等情况，可以布局为人才培养与储备的梯队组合。

第四章　能力的价值衡量

职业能力要求，它具有稳定、离散、隐含、相关等特点，并可以区分出哪些是必要、优先、附加、边沿的条件。

个人能力水平，它具有静态、动态、潜在、相关等特点，转化为价值时，又有有用价值、可用价值、有效价值之区分。

团队能力聚合，它是基于对应的职业能力要求，调配相应的个人能力，以组合成团队能力，在不同个体以及不同能力项之间，会产生能力的叠加、抵消、平行、因变、线性等聚合反应。

因此，对能力值、能力状态的衡量，就是针对职业能力、个体能力、团队能力三者之间的逻辑、数理关系进行的计算与评估。

一、能力价值衡量新模型

关于能力价值的衡量，不只是针对能力划分等级，然后通过一些工具进行评估那么简单。

能力价值的衡量，需要从三方面进行分析与设计：

一是针对职业能力价值的衡量，需要找出其稳定、离散、隐含、相关的能力价值，以确定哪些是必要、优先、附加、边沿的能力。

二是针对个人能力价值的衡量，需要找出其静态、动态、潜在、相关的能力价值，并分析哪些是有用价值，哪些是可用价值，哪些是可以在职业中产生效能的价值。

三是以职业能力为依据，围绕个人能力组合成团队能力，并设计团队各价值项的叠加、抵消、平行、因变、线性等衡量方法。

根据上述三大要点，可以设计出新的能力价值衡量模型，如图 4-1 所示。

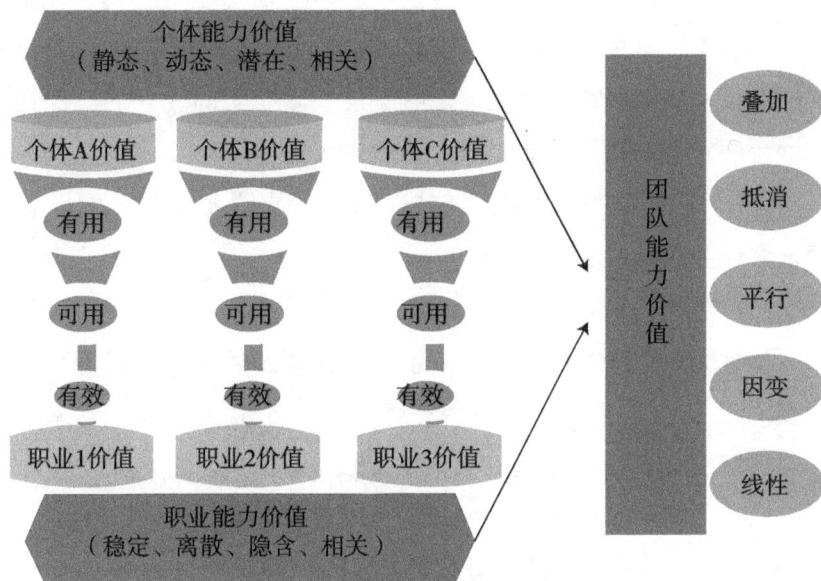

图 4-1　能力价值衡量新模型

● 有用：表示存在即合理，天生我材必有用，即每个人拥有的各种各样能力，绝大部分都可以视为有用的。

● 可用：表示有些能力项可以加以利用与展示，但有些能力在某些环境或背景下派不上用场。

● 有效：表示这些能力不但可以用，而且能产生实际的影响、效果与成绩。

从个体价值通过有用、可用、有效的漏斗效应，成为职业价值；从某个体与某职业的漏斗模型，聚焦组合而成为团队价值。

二、职业能力的价值衡量

（一）职业价值特点

职业价值具有稳定、离散、隐含、相关等四大特点。

• 稳定：是指有些能力项，对于某些职业是相对固定、聚焦与不变的。

• 离散：是指有些能力项，对于某些职业是存在变化的，比如在 A 企业可能需要，但在 B 企业却不需要，它是相对于稳定的价值标准而言。

• 隐含：是指有些能力项，它不是某些职业明确要求的，但在实际工作过程中它起着深层的影响。

• 相关：是指有些能力项，它与某些职业的关联程度不是很大，但又常被大家关注或难于舍弃。

（二）职业价值衡量标准

根据职业价值具有的稳定、离散、隐含、相关等四大特点，针对不同能力项在职业价值中的重要程度，划分出必要、优先、附加、边沿等四类标准，并设置不同的系数（见表 4-1）。

表 4-1　　　　　　　　职业能力重要度标准

衡量标准（系数）	衡量标准说明	稳定	离散	隐含	相关
必要：（8~10）	必须有它，没它不行	V			
优先：（5~7）	有它优先，没它也可				V
附加：（3~4）	补充能力，仅作参考		V	V	V
边沿：（0~2）	有无不影响不大		V	V	V

三、个人能力的价值衡量

（一）个人价值特点

根据个体价值变化的特征，可以为分静态、动态、潜在、相关等四类。

• 静态：指相对不变的个人能力，它就是存在的价值，不受外部因素影响。

• 动态：指根据时间、环境以及所在不同团队、不同定位，能力水平的绝对变化与相对变化。

• 潜在：指未被挖掘，或未被发挥的能力。

• 相关：指某些与当前职业不是很相关的能力，但对于个人而言，它也是一种客观拥有的能力（见表4-2）。

表 4-2　　　　　　　　　　　个人价值矩阵式分类

分　类	有　用	可　用	有　效
静　态	基本上是	部分是	部分是
动　态	基本上是	较大部分是	较大部分是
潜　在	不确定	部分是	部分是
相　关	不确定	很　少	很　少

（二）个人价值衡量标准

在针对个人价值的衡量过程中，突破过去的评估方法与工具，而采取有用、可用、有效分值进行衡量，也许会更加全面、客观地衡量人才的综合能力水平（见表4-3）。

表 4-3　　　　　　　　　　　个人价值评估标准

评分标准	有用价值	可用价值	有效价值
高：（8~10）	表示该项能力对于个人而言，很有价值	表示该项能力可适用于对应职业的程度较高	表示该项能力在具体职业中可以产出的效能较高
中：（5~7）	表示该项能力对于个人而言，价值一般	表示该项能力可适用于对应职业的程度中等	表示该项能力在具体职业中可以产出的效能中等
低：（0~4）	表示该项能力对于个人而言，并无多大用处	表示该项能力可适用于对应职业的程度较底	表示该项能力在具体职业中可以产出的效能较底

（三）个人价值的实现

个人具备很多各式各样的能力，但这些能力并不是都可以有职业的场景去施展。因此，从个人能力的有用价值，到可用价值，再到有效价值，会越来越少，进而形成一个漏斗效应（见表4-4）。

表4-4 个人能力价值评估示例

能力项	有用价值	可用价值	有效价值
自私／奉献	8	6	6
严谨／轻率	7	6	5
欲　望	9	7	6
阅　历	8	6	6
运谋决策	9	8	7
创　新	8	8	7
权　力	7	6	5
……			

（四）价值的变化

同一能力的有用、可用、有效值是可能不同的，比如不同时间、不同团队、不同环境下，能力价值是展示与认同必然存在变化。

● 不同时间：是指同一个人，在过去、现在与未来等不同的时间，其能力在发生变化，对应的能力价值也在发生变化。

● 不同团队：是指同一个人，在不同的团队，因为所面临的领导、同级、下属不同，所承担的角色与任务不同，团队风格与氛围不同，其能力被认同与发挥的结果也承受着不同。

● 不同环境：是指不同工作、生活、家庭、社会环境对能力认同与发挥的影响，也将左右着能力价值的变化。

一般来说，个人能力的有用、可用、有效价值，在不同时间、团队、环境下发生变化的情况（见表4-5）。

表 4-5 个人能力价值变化表

有效价值	有 用	可 用	有 效
不同时间	基本不变	变化较大	变化较大
不同团队	基本不变	变化较大	变化较大
不同环境	基本不变	变化较大	变化较大

四、团队能力的价值衡量

团队能力，因为它是由不同的个体所拥有的能力组合而成，所以个体间的差异必然会产生人与人之间、能力与能力之间的各种明显或隐藏的反应，比如叠加、抵消、平行、因变、线性等关系。

•叠加：是指组成团队能力的各成员能力存在聚合累加效应。

•抵消：是指组成团队能力的各成员能力存在互相抵消与内耗。

•平行：是指组成团队能力的各成员能力互相间不会产生干扰与共振，可以各自互不影响地发挥。

•因变：是指组成团队能力的各种能力项，可能存在某种能力是另一种能力的基础或前提条件，前置能力不具备时，后置能力无法展现与发挥。

•线性：是指组成团队能力的各种能力项，互相之间存一些彼消此长，或彼此消长的线性关系。

（一）能力组合系数

在进行团队能力衡量时，因为组成团队能力的个体能力存在上述叠加、平行、抵消、因变、线性等不同反应与关系，为了较为准确衡量这些聚合影响，需要设计一个参照系数（见表 4-6）。

表 4-6　　　　　　　　　　　　团队能力组合系数

类别	能力组合系数	系数说明
叠加	1 ~ 2	=（A 能力值 +B 能力值）× 系数 表示能力相辅，产生 1+1 > 2 的效果
平行	1	=（A 能力值 +B 能力值）× 系数 表示能力共生，产生 1+1 = 2 的效果
抵消	0 ~ 1	=（A 能力值 +B 能力值）× 系数 表示能力互斥，产生 1+1 < 2 的效果

注：因变、线性较为复杂，本书就以上述三项进行分析。

表 4-6 中从量化的角度阐明了 1+1 可能等于 2，也可能大于 2，或小于 2。

（二）根据团队能力模型进行量化分析

根据职业能力，把个体能力进行叠加、抵消、平行、因变、线性，下面以前三种为主体进行说明 1 ~ 2 加减系数的计算模型。

假如某个团队需要能力项 1、2、3，有 A、B、C 三人备选入二人小组，三位成员对应各项的能力水平值（见表 4-7）。

表 4-7　　　　　　　　　　个人能力值示例

能力值（10 分制）	个体 A	个体 B	个体 C
能力项 1	8	7	8
能力项 2	7	9	6
能力项 3	9	8	7
合　计	24	24	21

由此表可感觉 A 与 B 是一种强强组合，应该最佳。但如果加入 A、B、C 三个人在上述三项能力间组合系数进行分析，假如其能力组合系

数（见表4-8）。

表4-8　　　　　　　　　　团队组合系数示例

能力组合系数	个体A与B组合	个体A与C组合	个体B与C组合
能力项1	1.2	1	1.2
能力项2	0.8	1.3	1
能力项3	1	0.9	1.5

那么，按照上述不同组合，得出的结果自然不是两个人能力的相加（见表4-9）。

表4-9　　　　　　　　　　团队组合能力值示例

能力值	个体A与B组合	个体A与C组合	个体B与C组合
能力项1	18	15.0	18.0
能力项2	12	16.9	13.0
能力项3	17	14.4	22.5
合　计	47	46.3	53.5

经过这样的对比分析，最佳的组合不是A与B强强联手，而是B与C可以价值最大化。

（三）团队能力与职业能力进行比对

把职业能力要求与团队能力水平进行对比分析，便可得知团队能力中，哪些匹配、哪些不足、哪些浪费、哪些短板，这样就可以更好地进行团队能力组合与调配（见表4-10）。

表 4-10   团队能力与职业能力比对分析示例

能力值	系数	权重（%）	职业能力要求	团队能力水平	折合职业能力值	折合团队能力值	结果
能力项 1	0.8	40	9	7	2.88	2.24	负值
能力项 2	0.9	30	8	7	2.16	1.89	负值
能力项 3	0.6	20	7	9	0.84	1.08	正值
能力项 4	0.5	10	6	10	0.3	0.5	正值
综合能力	—	—	30	33	6.18	5.71	负值

由表 4-10 计算出的（综合能力）可以看出，从直接的职业要求（30）与团队水平（33）对比，似乎团队能力可以满足对应的职业要求；可把能力组合中的系数与权重列入分析与衡量后，发现团队能力（5.71），不满意职业要求（6.18）。

• 系数：不同能力项，对于某一个职业来说不是等同的重要，进而对职业胜任的影响也不相同。

• 权重：控制不管多少能力项，按基准分（比如 10 分制，100%），最终结果仍有可比性。

• 职业能力要求：是指团队所需要同类能力项的集合，其颗粒度可视情况界定，比如营销团队的市场拓展能力。

• 团队能力水平：是指团队所具备同类能力项的加权集合，它可能会超过基准分。

•折合职业能力值：折合职业能力值＝职业能力要求×系数×权重。

•折合团队能力值：折合团队能力值＝团队能力水平×系数×权重。

•结果：结果＝折合团队能力值－折合职业能力值。

由表 4-10 可知，能力不是简单的累加，而是受到系数、权重的影响。能力对比的结果一般有如下几类：

• 能力匹配：当团队能力水平与职业能力要求相当时，表示能力匹配。

- 能力不足：当团队能力水平明显低于职业能力要求时，表示能力不足。

- 能力浪费：当团队能力水平明显高于职业能力要求时，表示能力浪费。

- 能力短板：当团队的某项能力水平明显低于职业能力要求，但其他能力及综合能力都达标时，该项能力就是这个团队的能力短板。

案例：让 CEO 头痛的管理层

湖南某科技公司，公司老板是位年轻的海归，深受西方管理思想的熏陶，他希望带领公司走在行业的前沿，公司人员不足200人，但都是从各大名企、各大名校引进的人才，其中20多人的核心管理团队成员，主要是从华为、中兴、腾讯等龙头企业引进。

从公司成员的来源与组成来看，是一个很有希望、很有战斗力的团队。可是老板总是说其核心管理团队能力不足，他们的思路、方法、产出跟不上老板的步伐，于是邀请第三方咨询公司设计一套能力提升方案。

当我们去该公司进行调研与分析时，发现：

1. 关于各职位序列之能力素质的任职要求，基本是标准化一的那些项目，且同一能力项根据职位层级从低到高均在递升（事实上，高职位并不一定任何一项能力都比低职位需要更深入、更全面）。

2. 关于人才能力的评估，基本都是依据是否名校、是否名企、论学历、论履历（后根据交流与了解，发现有些是高学历低能力，有些来自名企却生搬硬套，有些履历辉煌却满是水分，有些很有独特能力但即定的人才能力评估体系中没有对应的项目）。

3. 关于团队能力的评估，该公司根本就没的往这方面规划，以为聚集了一批优秀的人才就可以打造优秀的团队（后发现其华为帮、中兴帮、腾讯帮、湖南本土帮、技术帮、管理帮、业务帮，帮派林立，互不配合，暗流汹涌）。

因此，该公司不是其成员不够优秀，而是对职业能力、个人能力以及团队能力评估不准确，因为其能力评价的思想、方法就存在缺陷。

他们对职业能力要求的评估，有些过高或多余；对个人能力水平的评估，过于主观与失真；并且没有针对团队能力的聚合反应进行衡量。

所见非所得，能力本就很难衡量，量化管理并非万能，它只是一种思路，管理中需要慎重与弹性（虽然我们可以把很多定性的评估通过评分制转变为量化，但是它的本质仍然是定性，而非像重量、长度那种可以精准测量的数据）。

第五章　人才竞争力形成

误把能力当竞争力，这是业界十分普遍的现象。

有能力未必有竞争力，也逐步受到大众的关注与认同。

个人竞争力，不是查漏补缺、追赶标杆、击败对手，而是扬长避短、挖掘潜能、找准优势、借助外力、顺势而为，它需要通过"通、炼、势、果"四个环节进行获取与锤炼，它注重的不是能力值有多高，而是发挥的有多淋漓尽致。

团队竞争力，在共同业务实现策略上的个人突出能力超越值分析，注重未来业务发展趋势分析和潜力挖掘之间的关系。当业务单元发生变化时，提前部署适应这种多元变化的复杂性团队组合，重点分析个人能力可扩展性、组合的灵活性。

一、能力与竞争力

（一）有能力未必有竞争力

不知道现代还有多少国人知道鲁迅笔下的阿 Q，记得阿 Q 最可爱也最可悲与无奈的就是他代表国人专属的"精神胜利法"。在职场中，我们经常听到"生不逢时、怀才不遇"的感叹，于是大家也习惯用某某很有能力，只是没遇到机会而"精神胜利"一回，以求自慰或他慰。

所谓"天生我材必有用"，每个人都有这样或那样的能力，甚至是很出色的能力，但为什么又都陷入"无用武之地"的困境呢？

这就说明了，能力不等于竞争力，有能力不等于有竞争力（见图5-1）。

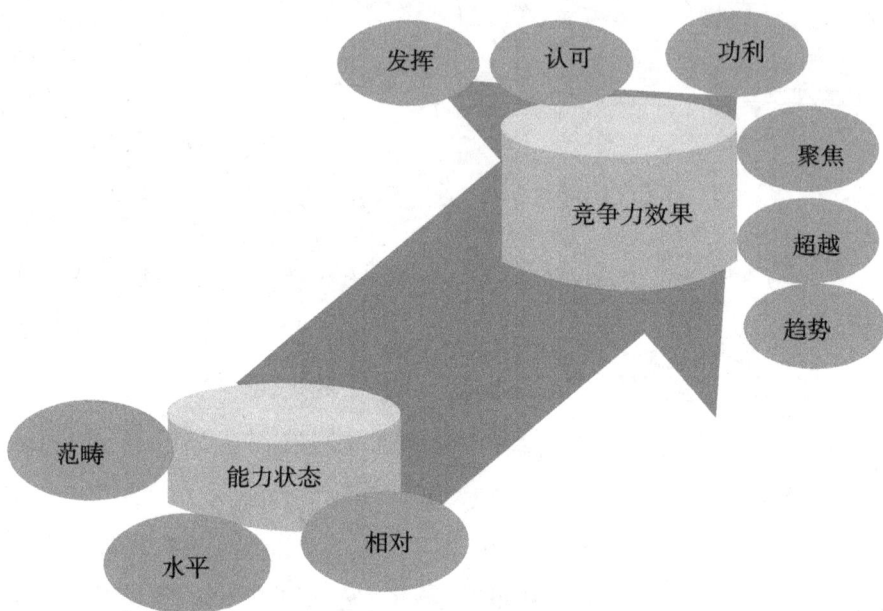

图 5-1　能力与竞争力对比分析

能力状态：是指内部的客观认知，这个内部可以是个人，也可以是一个团队、组织，能力就是一种具备的状态。

•能力范畴：是指关注在哪方面或领域的能力。

•能力水平：是指关注能力的层次与程度。

•相对能力：是指关注不同能力的相对水平，或者同一能力在不同群体内的相对水平。

竞争力效果：是指外部的主观认知，这个外部可以是市场、环境、团队与组织，竞争力的核心就是看能力展示与发挥的效果。

•发挥：有能力，需要展示与发挥出来，没有发挥出来的能力，不能算作竞争力。

•认可：有能力，需要被他人认可，没被认可的能力或行为，很难成为竞争力。

•功利：能力，往往联系着"成败论英雄"，虽然"成败论英雄"显得很功利，但要体现出竞争力，功利也是一种最现实的激励与牵引。

● 聚焦：不是每一项能力都具有竞争力，每个人、每个团队，其出色、领先的能力就是那么几项，因此打造竞争力时，务必聚焦。

● 超越：能力只有 8 分，发挥时却达到 10 分，这就是能力超越，这种淋漓尽致地展现某种能力，是竞争力的显著特征。

● 趋势：当企业认可某种竞争力时，从这些具备竞争力的个人或团队，可以分析出这些竞争力是该企业管理风格、发展方向、业务重点的大势所趋。

因此，从能力到竞争力，还需要进行能力展示与能力市场化：

（1）能力展示：是指能力在团队中、社会中的相对水平与认可情况。

（2）能力市场化：是指从外部市场与环境的认可，到内部（个人、团队）的铸造。

1. 寻找核心竞争力

每个职业所对应的一系列职位，需要有很多条件与要求去满足它。

每个人，也有很多各种各样的能力，需要我们去关注它、激活它、使用它。

但真正需要我们聚焦的就是 3 ~ 5 项能力而已，因此在寻找人才竞争力时，可以列举其 10 项比较明显的能力，然后经过分析评估找出前 5 项，聚焦"3+2"（见表 5-1）。

表 5-1　　　　　　　　　优势能力筛选示例

能力项	能力评分（10分）	兴趣程度（5分）	紧缺程度（5分）	相对层次（5分）	展示机会（5分）	综合得分	综合排序
能力项 1	8	2	3	3	4	576	6
能力项 2	8	3	3	4	3	864	5
能力项 3	7	4	4	4	4	1792	1
能力项 4	9	3	3	4	5	1620	2
能力项 5	6	3	5	3	4	1080	4
能力项 6	8	1	1	3	3	72	9
能力项 7	5	2	4	2	4	320	8
能力项 8	8	5	3	4	3	1440	3

续表

能力项	能力评分 （10分）	兴趣程度 （5分）	紧缺程度 （5分）	相对层次 （5分）	展示机会 （5分）	综合 得分	综合 排序
能力项9	7	3	1	4	4	336	7
能力项10	9	4	2	4	2	576	6
……							

（二）个人竞争力形成能力评分

上文关于个人能力评估中的得分，1～10分。

• 兴趣程度：即指对该项能力是否很感兴趣（有些能力很强，但可能无这方面发展的兴趣），1～5分。

• 紧缺程度：即指该项能力在某个行业、领域，或者某个团队等外部市场中的紧缺、稀有、可替代的程度，1～5分。

相对层次：即指该项能力水平在某个行业、领域，或者某个团队等外部市场中的所处位置（有些能力对个人而言很强，但在外部比较中并不强；也有些能力对个人而言不是很强，但在外部比较中却很强），1～5分。

• 展示机会：即指该项能力可能得到展示与发挥的概率，1～5分。

• 综合得分：综合得分等于上述5项分析维度得分的乘积。

从表5-1中得知：如果单从静态的能力高低进行评定，应该是能力项1、2、4、6、8、10序排靠前，但它们并不是真实的竞争力，只是能力而已。当把影响竞争力的其他条件加进去分析后，发现能力水平并不高的能力项3、能力项5颇具竞争力，而能力水平很高的能力项10却不具竞争力。

这就是客观真实，能力并不等能竞争力，寻找竞争力需要借助表5-1类似的分析工具。

二、个人竞争力形成

1. 个人竞争力的误导

我们经常花费大量时间去补短，比如学校里不允许偏科现象；我们追求博学多才，结果却博而不精，全部在平均线上齐头并进；我们有优势却不突出，不重视相对比较，忽略外力的影响，这些都是对人才竞争力的错误引导，如图 5-2 所示。

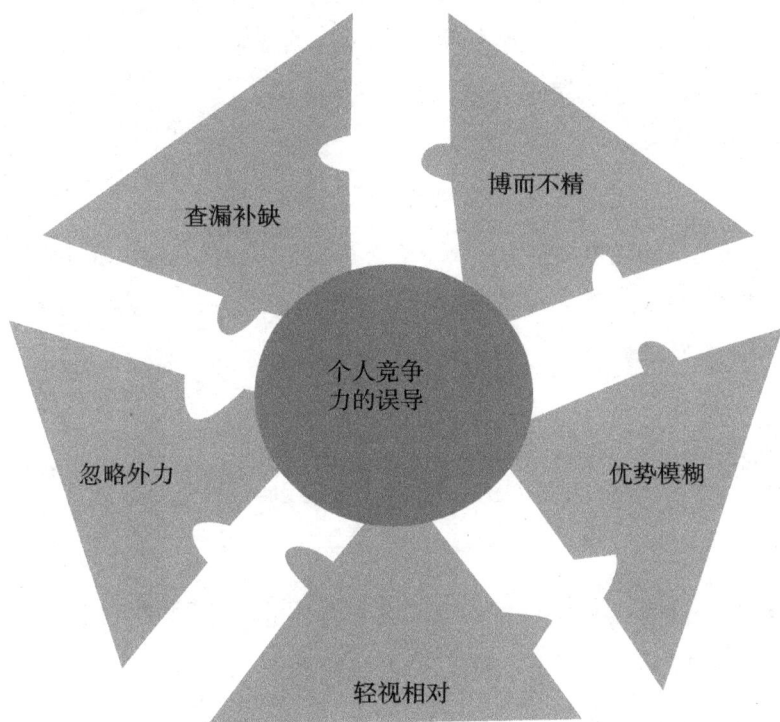

图 5-2 个人竞争力误导

• 查漏补缺：业界习惯分析并找出个人的劣势或不足，然后"有的放矢"进行培训提升，这样花了大量时间来弥补短板，结果短板还是短板，或者旧短板补好了新短板又出现了。

• 博而不精：是指多面手，什么都会，但什么都不精，泛泛而谈、华而不实。

• 优势模糊：弄不清楚自己有什么优势，优势具体在哪些方面。

• 轻视相对：自以为是，闭门造车，只管自己有多强，没有在所处群体中进行能力的相对比较。

• 忽略外力：竞争力的打造，不重视外部力量的影响，只从人才本身找原因，这对激发个人才能有违客观与合理。

2. 找出优势善借外力

由前面表5-1得知能力项2、3、4、5、8需要我们重点关注与聚焦，但对于某个人而言，这些能力项又真的是其优势吗，能够形成竞争力吗？可以通过表5-2展开进一步的分析与甄别。

表5-2　　　　　　　　　　优势能力甄别示例

能力项	是否被认可	是否有前景	是否有权势	是否有资源	环境是否合适
能力项2	Y	N	N	Y	Y
能力项3	Y	N	Y	N	Y
能力项3	N	Y	Y	N	Y
能力项5	Y	Y	N	Y	N
能力项8	N	Y	Y	N	N
……					

● 是否被认可：判断该项能力有没取得外部的认同与赏识。

● 是否有前景：判断该项能力是否有发展前景，或者有无潜能挖掘。

● 是否有权势：判断该项能力的发挥，相关的权力、势力条件是否具备。

● 是否有资源：判断该项能力的发挥，相关的人、财、技术、组织等资源是否具备。

● 环境是否合适：判断该项能力的发挥，个人所处的工作（指团队、目标等）、生活（指家庭、后盾等）、社会（指世俗、文化、政策等）环境是否合适。

如果上述能力项对应的条件不成熟，为了让它成为真正的竞争力，就需要在那些判断为"N"对应的条件中，努力营造适合于能力发挥的条件。

3. 竞争力锤炼

竞争力的获取与锤炼，可以通过"通、炼、势、果"等四个环节形成（见图5-3）。

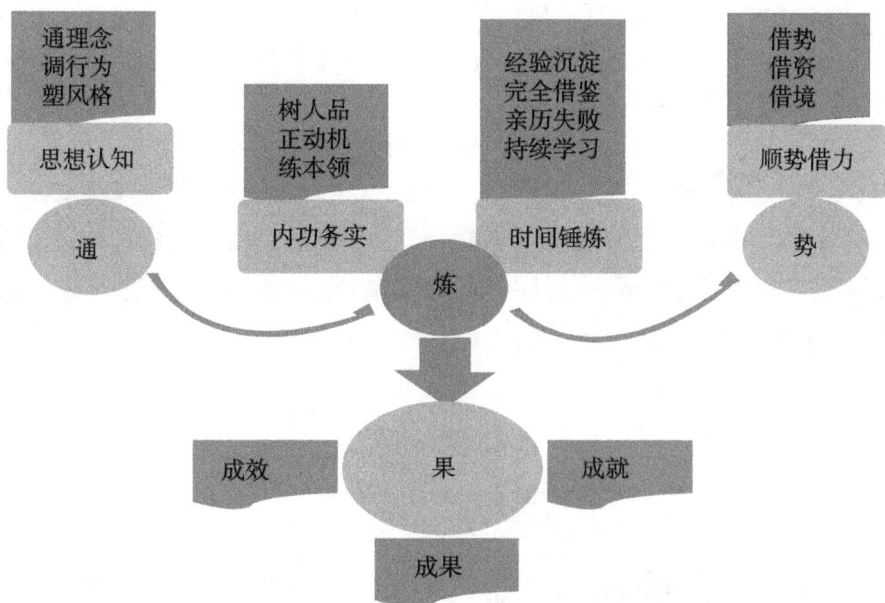

图5-3　个人竞争力锤炼

● 通：主要指在思想认知上要想通、悟透，首先要改变理念，然后调整行为，并形成一种相对稳定的风格。

● 炼：主要指夯实内功与经受时间的锤炼、考验两方面。夯实内功，是指从人才本身出发，树立起良好的人品，修正生活与工作动机，学习与训练相关本领；时间锤炼，是指拥有了内功，还需进行经验的沉淀，借鉴他人的案例，亲历一些失败、挫折与逆境，不断扩展对事物的视野，并保持活到老学到老的习惯。

● 势：主要指顺势而为、善借外力，它体现借势、借资、借境三方面。借势是顺势而为，上策是顺势，中策是造势，下策是逆势，要打造竞争力，不可不"势"；借资是调集资源，包括可以或容易调用与控制的各种资源，也包括那些临时协助类的各种资源；借境是适应环境，即在合适的时间做合适的事。

● 果：主要指成效、成果、成就等方面，个人有没有竞争力，可能都指向其所结出的"果"，单看"果"，可能是片面的，但它却是最现实的证明。

三、团队竞争力形成

(一)团队竞争力的误导

对于团队竞争力的看法，大家往往深陷成员最优、组合最强、无的放矢、齐头并进、分工不明、形聚神散，以及重结果不重过程、重台前不重幕后的理念之中（见图5-4）。

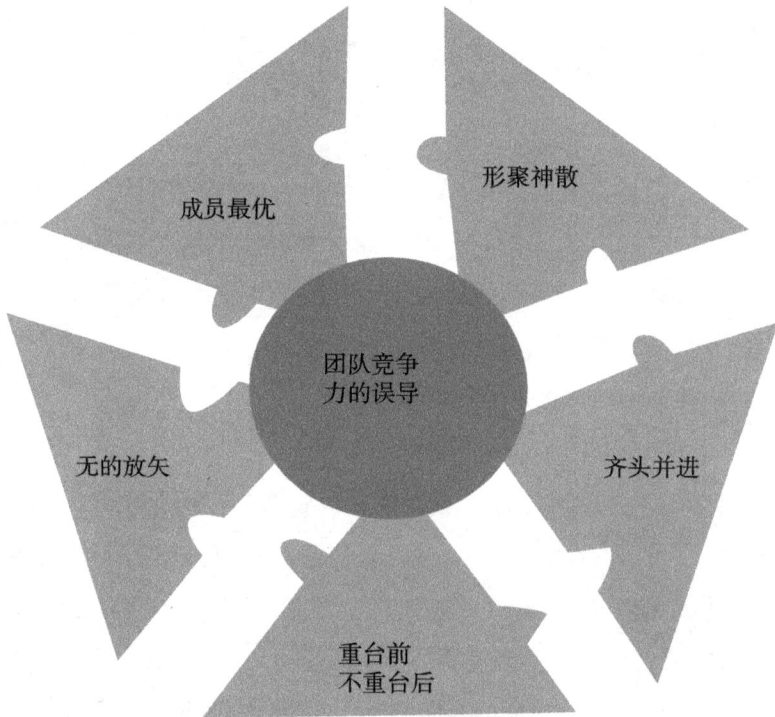

图5-4 团队竞争力误导

● 成员最优：业界组建团队时，经常希望招揽最优秀的成员，却不管是否合适，是否匹配，是否需要。

● 形聚神散：很多团队，看上去或者宣传起来，都是"梦幻组合"，而实际上却是貌合神离、各怀心思，就如"夫妻本是同林鸟，大难临头各自飞"。

•无的放矢：在培养团队成员能力时，经常是格式化的体系与内容，表面上很全面，实际上泛泛而谈，事倍功半。

•齐头并进：在进行团队打造时，总想整个团队一同进步，实际上"大雁飞行"或许更具有效果。

•重台前不重幕后：重视台前的表演者，忽视幕后的贡献者，表彰、鲜花与奖励都集中于少数"英雄"，那些默默无闻的成员总被淡化与遗忘，这是对团队竞争力、凝聚力损害最大的，却又是大家最常犯的错误。

（二）不是最优而是最佳

一个团队是否有竞争力，可以从表5-3十问中得出结果。

表5-3　　　　　　　　团队竞争力调查问卷

问　题	完全同意（5分）	同意（3~4分）	不同意（1~2分）	完全不同意（0分）
（1）尊重每个人的优势爱好吗				
（2）每个人都有展示机会吗				
（3）每个人都能尽情发挥吗				
（4）重视无名小将吗				
（5）成员间互相欣赏吗				
（6）成员间互相信任吗				
（7）成员间取长补短吗				
（8）成员间真心地互助吗				
（9）成员在理想、观念与行为上志同道合吗				
（10）成员对目标认同并为之努力吗				
得　分				

（1）尊重每个人的优势爱好吗：主要判断有没有用人之长，工作与

爱好是否同向。

（2）每个人都有展示机会吗：主要判断有没有平台给成员展示才华的机会。

（3）每个人都能尽情发挥吗：主要判断团队的管理风格与氛围是否合适于人尽其才。

（4）重视无名小将吗：主要判断团队管理的客观、公平、合理性。

（5）成员间互相欣赏吗：主要判断成员从内心上是否互相认同、接纳与赏识。

（6）成员间互相信任吗：主要判断成员间是否可信、可靠，是否忠诚。

（7）成员间取长补短吗：主要判断成员间有无能力重复、浪费甚至排斥等现象，有没布局好中长期发展的梯队。

（8）成员间真心地互助吗：主要判断成员间合作、协调是迫于形式，还是发自内心。

（9）成员在理想、观念与行为上志同道合吗：主要判断团队成员的凝聚力，是否从根本上志同道合、行为一致。

（10）成员对目标认同并为之努力吗：主要判断成员对团队奋斗目标的理解、清楚，达成目标的难易程度之认同，并竭尽全力地去推进。

得分 ≥ 40 分，表示团队竞争力强。

40 分 > 得分 ≥ 30 分，表示团队竞争力中等，可以进行培养。

30 分 > 得分 ≥ 20 分，表示团队竞争力弱，团队需要重组。

得分 < 20 分，表示团队竞争力很弱，团队可能需要重建或放弃。

（三）基因重组

团队竞争力的打造，就是要根据上述职业能力、个人能力、团队能力的分析与衡量，对团队的组成进行重新调配，即基因重组，以期达到团队成员间在目标、观念、行为等方面高度地一致，进而成为具有竞争力的团队（见图5-5）。

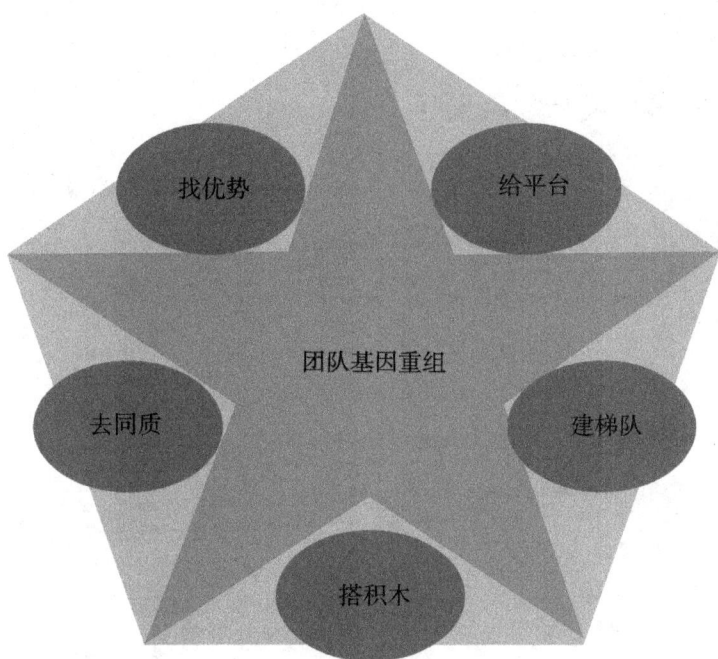

图5-5　团队基因重组

· 找优势：进行团队基因重组，首先得挖掘出成员的各自优势，以便重新调整职责与分工。

· 给平台：进行团队基因重组，给团队中那些没有发挥才能的人，创造平台。这种因人而设的平台，有别于因组织目标而定的平台，真正立足于"以人为本"而重视人才价值。

· 去同质：进行团队基因重组，找出那些能力重复、浪费、排斥的人，进行内部重新分工协作，或者与团队外进行调换。

· 建梯队：进行团队基因重组，要考虑到能力强弱、性格组合、分工互补等方面的中长期梯队建设。

·搭积木：进行团队基因重组，需要打造军营式团队，即同舟共济、唇亡齿寒，缺少哪一块积木都不行，哪一块积木都同等重要，不分亲疏、不分尊卑、不贴标签。

案例：梦幻团队败走麦城

某公司在攻克一个重点项目时，专门组建了一个技术团队，抽调公司最精悍的成员组成，针对那个项目本以为势在必得，可结果败走麦城。

依据上表5-3的调查，发现影响人才、团队竞争力的不是人才与团队本身，而是管理机制。

问 题	综合评分	备 注
（1）尊重每个人的优势爱好吗	3	工作都是由领导指派
（2）每个人都有展示机会吗	3	只有少数几个爱好表现的"积极分子"受到领导的认可
（3）每个人都能尽情发挥吗	3	很多想工作都被公司的条条框框限制，无从下手
（4）重视无名小将吗	2	只是重视那几名所谓的"领头羊"
（5）成员间互相欣赏吗	3	明的互相吹捧，暗中互相较劲
（6）成员间互相信任吗	3	有功劳争取，有过失都推脱
（7）成员间取长补短吗	3	有些能力大家都具备，有些能力大家都不具备
（8）成员间真心地互助吗	4	只要发出邀请，大家倒时较为热心帮助
（9）成员在理想、观念与行为上志同道合吗	5	这点很好，因为项目成功后，可获取大把奖金
（10）成员对目标认同并为之努力吗	4	有人认同、有人怀疑、有人观望
得 分		33分（中等水平）

所以，看似强强组合、梦幻团队，实际上这个团队的综合竞争力也只是中等水平而已。因为，在组建这个团队时，没有考虑到团队成员间的叠加、抵消、平行、因变、线性等互相关系的影响，仅以为调配最优秀的人进来就可以了，同时导致团队竞争力不达预期的原因还存在公司管理风格与政策机制的根本影响。

第三部分 人才能力大爆炸

当今，我们处于一个来势汹涌、无所不及的移动应用、业务互联时代，人力资源领域也不甘寂寞而潮头搏浪，一切人力资源业务均往云端畅想、与互联联姻。

它势必引发人力资源业务管理的大胆创新。

传统的人力资源业务思维与模式，基本是从企业的立场，从管理的角度，固守着"模块化、考核化、数字化、权力化、政策化、随俗化"，虽然也号称"以人为本"，也追求"人力资本"，而实质上仍然是"资本为王"的人力资源管理思想。

但受到这波"移动互联"大潮冲击，各种以"人才、技术与创意等"为火力点的创客四起，各大 VC（风投）也纷纷青睐这类"移动互联"式的微创企业。于是，企业与资本市场终于接受了这种"人才就是资本"的新常态。为此，人力资源业务思维与模式，也势必接受从"人才就是劳力"到"人才就是资本"的转变中。

人才就是资本，人才之所以能成为资本，就因为人才具备各种各样的能力，在这样一个突破以往观念，真正要重视人才的时代，人才能力及其能量将迎来空前的井喷与爆炸。

第六章 人才能力多样化

在过去，人才拥有哪些能力，对应的能力水平如何，主要是根据工作过程及结果进行分析与判断。这种对人才能力的评估，并不能全面反映人才能力的真实情况。

随着"移动互联"大潮的冲击，人才能力由单调的职场平台，延伸到多样的展示平台，不经意间，挖掘了连自己都没发现的潜能与优势。于是，人才能力的多样性将得到充分的展示与发挥。

一、从显性数据看隐性能力

移动互联时代，我们都重视大数据分析，在展开人才能力多样化的论述之前，先看看几组关于专业（当前工作）与业余（非专业或非当前工作）的调查数据。

通过网络，对不特定的网民进行业余爱好与特长、兼职与客串临时任务、潜能没被挖掘情况、潜能被激发与利用情况、个人综合能力发挥情况等方面进行调查，收集到大约 10 万人的调查数据，具体调查题目与结果如下：

•调查问题 1：你拥有多少业余爱好与特长？

A. 没有明显的业余爱好或特长：26715 人

B. 有 1～3 项业余爱好或特长：73369 人

C. 有 3 项以上业余爱好或特长：1283 人

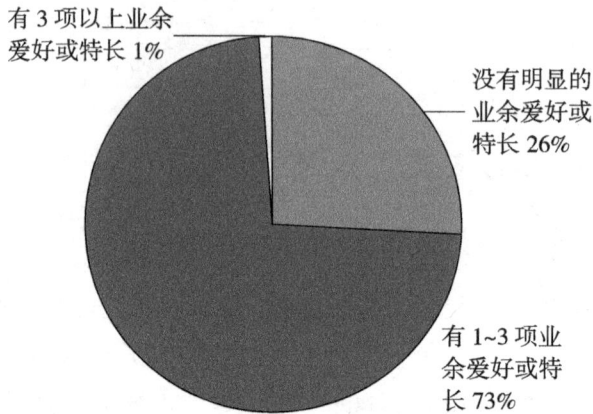

图 6-1　业余爱好与特长统计分析

　　由此调查结果可以得知：绝大部人都拥有一些业余爱好或特长，其中高达 70% 左右的人拥有 1～3 项业余爱好或特长，而些业余爱好或特长，就是人才能力或潜能的体现，可谓能量丰富。

　　• 调查问题 2：你拥有业余爱好与特长的展示情况？

　　A. 仅限于自娱自乐，日常消遣：67916 人

　　B. 小有就成，颇受他人欣赏：23314 人

　　C. 达到较高境界，并转为职业化：10138 人

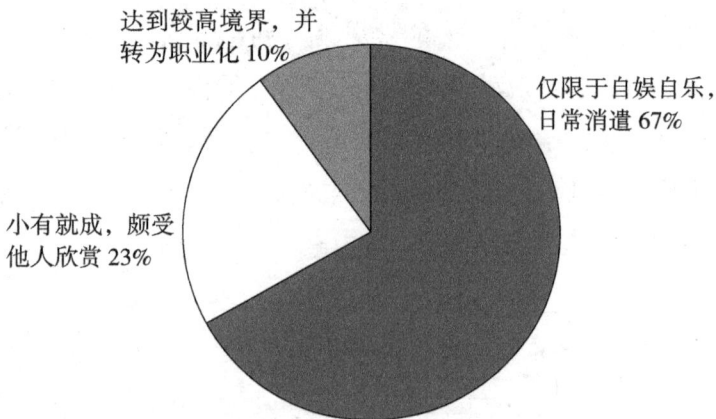

图 6-2　业余爱好与特长展示情况统计分析

由此调查结果可以得知：虽然大部分人的业余爱好或特长仅限于自娱自乐，但有不少比例的人，其业余爱好或特长，不仅是业余水平，而达到了专业水准，他们这方面的才华或许就是能力的宝藏。

•调查问题3：你业余有没进行兼职与客串临时任务？

A. 从来没有：43588 人

B. 只是偶尔：36492 人

C. 经常从事：21287 人

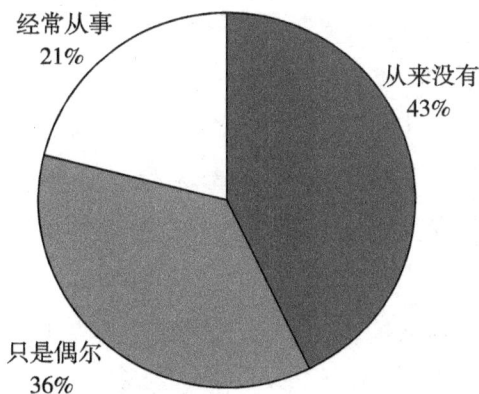

图6-3 兼职与客串临时任务统计分析

由此调查结果可以得知：不查不知道，竟然超过半数的人从事过兼职或客串临时任务行为，也许这就是移动互联时代企业管理与业务跨界所带来的繁荣现象，一个人可以属于一个企业或团队，也可以属多个企业或团队，因为人才能力与能量的扩充空间很大。

•调查问题4：你所进行的兼职或客串临时任务与主职相关吗？

A. 与当前主职相关：73998 人

B. 与当前主职无关：27369 人

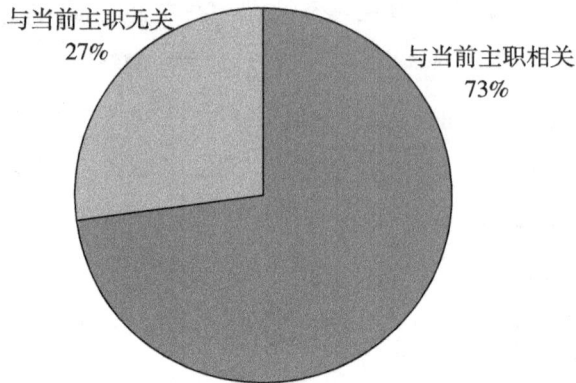

图 6-4　业余与主职数据统计分析

由此调查结果可以得知：接近 1/3 的人，从事兼职或客串临时任务时，并与当前主职不相关，但他们可以从事这些与主职不相关的工作，说明我们企业并没有实现人尽其才，并没有充分利用人才所拥有的全部能力。

●调查问题 5：你认为自己有多少项潜能没被挖掘？

A. 没有潜能可挖掘：9123 人

B. 有 1 ～ 2 项潜能没被挖掘：79066 人

C. 有 3 项以上潜能没被挖掘：14191 人

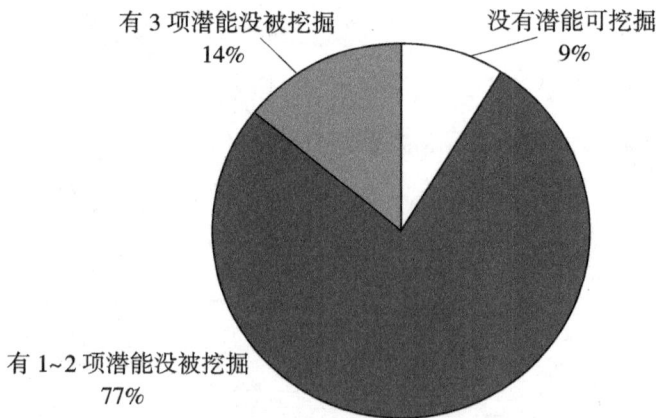

图 6-5　潜能数据统计分析

由此调查结果可以得知：只有不到一成的人自认为没有什么潜能可以挖掘了，高达90%左右的人觉得自己的能力没有被发现或认同。

•调查问题6：你的潜能都有被激发与利用吗？

A. 对潜能弃之不顾：53726人

B. 把潜能加以利用：47641人

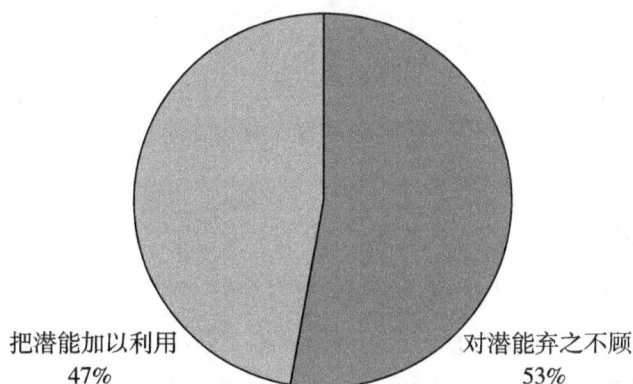

把潜能加以利用
47%

对潜能弃之不顾
53%

图6-6 潜能利用情况统计分析

由此调查结果可以得知：虽然对人才潜能进行利用的人数接近一半，但仍有一半人的潜能没被重视而弃之不顾，这是多么大的能力浪费呀！

•调查问题7：你个人的综合能力都在发挥吗？

A. 充分发挥：22301人

B. 部分发挥：62847人

C. 很少发挥：16219人

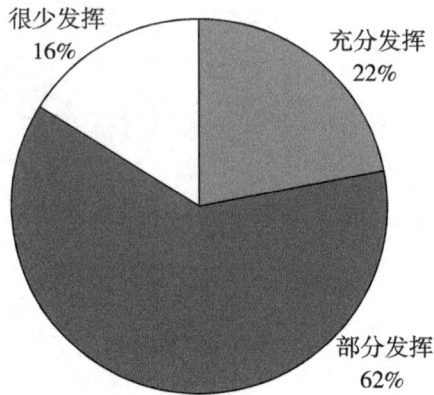

图 6-7　综合能力发挥情况统计分析

由此调查结果可以得知：人才拥有的综合能力，只有 1 / 5 左右的人认为充分发挥了，超半数的人只是部分发挥，并有不少比例是很少发挥的。一旦把这些能力都充分发挥出来，其能量绝对是相当可观的。

•调查问题 8：你个人的综合能力被挖掘、认同与使用的情况如何？

A. 未被挖掘：46629 人

B. 未被认同：31423 人

C. 已在使用：23315 人

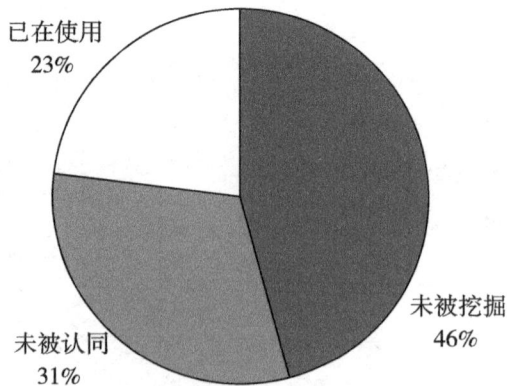

图 6-8　综合能力挖掘、认同与使用情况统计分析

由此调查结果可以得知：人才拥有的综合能力，近半数人认为没被发现，近1/3左右的人认为虽然被挖掘出来了，但不被企业或团队所认同，以至于无法展示发挥。

综上调查数据与分析，发现人才尚有很多没被发现的隐性能力，并且这些能力是多种多样、能力水平相当高的。一旦把这些隐性的能力激发出来，必然会产生一股强大的能量。

二、人才潜能与优势的挖掘

基于移动互联的平台，我们可以快速方便地进行能力素质匹配，可以通过移动设备对自己的能力项目进行管理（见表6-1）。

表6-1 个人能力优势识别

项 目	能力水平	是否为潜能	是否为优势
个人评估			
他人评估			
专业评估			
事件评估			

●能力水平：指该项能力在一定范围内的能力层次，定为高、中、低。

●是否为潜能：指该项能力是被发现的潜在能力，或是仍有很大的潜力发挥空间。

●是否为优势：指该项能力是否为个人所有能力当中，或者特定群体内同等能力相比较，具备较明显的优势。

●个人评估：即针对自身的能力进行主观性分析与评估，进行潜能与优势挖掘时，要充分尊重与相信"只有自己才最了解自己"。

●他人评估：即针对别人的能力进行主观性分析与评估，进行潜能与优势挖掘时，要适当参考"旁观者清"，尊重"自己未必了解自己"的现实。

● 专业评估：即借助专业的人才测评方法与工具，进行较深层次的理性评估，以佐证个人评估、他人评估的结果。

● 事件评估：即根据特定项目、任务等事件，从中捕捉出个人潜能与优势的闪光点，这也许是较为客观的判断。

最终结果判断：上表中，能力水平 2 项及以上为"高"，且潜能判断中 2 项及以上为"是"，则该项能力属于其潜能；能力水平 2 项及以上为"高"，且优势判断中 2 项及以上为"是"，则该项能力属于其优势。符合上述条件者，可以善加利用；不合上述条件者，可进一步考察与培养。

结果应用：允许并提供弹性职业，采用 1+N（即 1 个主职，多个辅职）的形式，从中寻找出人们真正的职业锚。

三、人才能力的培养与回避

根据上文对人才能力的分析，发现人才能力是多样与丰富，我们在使用人才能力时，不必拘泥于本专业、本领域等表面现象。

在进行人才能力培养时，要重视潜能的挖掘、优势的甄别、爱好的发挥，并进行有针对性的聚焦式培养，就如本书第五章中提到的"3+2"方法，即甄选出每个人的 1～3 项最优秀能力进行培养与发挥，另外几项能力不列入职业生涯某个阶段的进攻火力点。

同时，要尽可能回避那种较为老套的指派式工作安排，N 项能力同步培养与发展的无奈，甚至纠住个人的能力短板不放，停滞在短板里浪费资源。

案例：不拘一格识人才

D 公司是一家新创立的互联网公司，该公司参考金蝶、用友、IBM 等国内外知名、领先企的人力资源管理思想与体系，制定了标准严谨的任职与招聘机制，可其人才缺口与流失现象并没改观。

经对其人才招聘与任用方面的信息进行了解，发现存在两个明显特点：①任职条件严格、呆板；②安排工作任务的依据只是按照专业与经验。

于是，本着"挖掘潜能、发挥优势、用人所长、避人所短、不拘一格"等原则，对D公司的招聘与任职机制进行了一些调整，去掉了业界流行的条条框框，以更为开放的思路重新识人用人，结果不管从人才引进还是保留，都起到了明显的效果。所调整的内容，如下表所示：

项　目	调整前	调整为
学历限制	所有技术人才要求本科以上	因互联网技术人才当前较为走俏，且有不少人专科生或从相关技术培训学校出来的人，他们虽然从全方位的文化基本不如本科生，但单就某类编程技术来说，并不会输于本科生。所以，可以从具体技术领域从严把关，如果技术过关，则放宽对学历的限制。
学校限制	毕业学校要求在211或985范围内	学历限制都放宽了，学校限制也就不必要，只从对应的专业水平进行判断。
外语限制	所有人员要求英语过四、六级	不是以英语作为工作语言的职位，取消此项限制，因为绝大部分工作都与英语无关。
履历限制	产品经理、需求规划人员必须要求有技术背景	部分产品经理、需求规划人员，如果对对应业务相当精通，并具有良好的逻辑分析与规划能力，可以给出部分成员不受技术背景限制。
……		

由以上案例可以看出，格式化的任职、招聘体系与标准固然重要，但辅以灵活弹性的管理思想，尊重人性，寸有所长、尺有所短，回归人才能力的挖掘、评估与培养，将会对人才的取得与任用产生事半功倍的效应。

第七章　人才能力资本化

管理界一直在探索人才资本管理，人才可以转化为资本，是因为人才具有各种各样的能力。因此，人才资本管理的基础与核心，就是把人才的能力进行资本转化。

人才能力的培养与储备，是一种能力资本的获取方式。

人才能力的激发与发挥，是一种能力资本的变现方式。

一、能力资本化模型

把人才能力进行资本转化，首先得基于职业能力的要求，把获取（包括：外部获取、内部培养、潜能挖掘）相应职业能力所需要投入

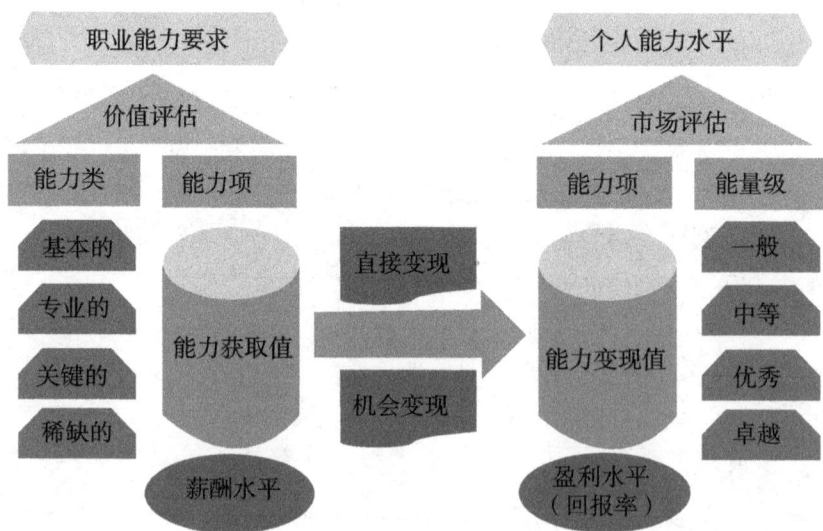

图7-1　能力资本化模型

的资本进行评估，然后再根据企业投资回报率、业务盈利水平等数据，对个人能力基于市场动态进行资本评估（见图7-1）。

（一）能力获取值

能力获取值的评估，是根据职业能力中各能力项的具体情况，根据对应职位的薪酬水平，估算出来的能力平均价值（见表7-1）。

表7-1 能力获取值计算方法与示例

能力项	能力类	职业价值系数	薪酬参考值	能力获取值
沟通协调能力	基本的	1	200元	200元
IOS编程能力	专业的	1.5	500元	750元
投融资运作能力	关键的	1.6	1000元	1600元
反黑客能力	稀缺的	2	1500元	3000元

• 能力项：根据某职业对应的领域与层次，分析确定其需要具备哪些的能力。

• 能力类：根据某职业对应的领域与层次，对能力项的通用性、专业性、重要性、丰富性等特征分为四类，即基本的、专业的、关键的、稀缺的。

• 职业价值系数：针以对上述四大能力类，根据不同能力类在某职业对应的领域或层次中的影响程度，设定相对的弹性价值系数（见表7-2）。

• 薪酬参考值：这需要根据对应职位的薪酬体系与标准，设定构成各位职位主要工作项所对应的能力项，进而估算出各项能力对应的薪酬参考值。能力获取值：能力获取值＝薪酬参考值 × 职业价值系数，如表7-1中的所示。

表 7-2　　　　　　　　　　能力分类与价值系数

能力分类	分类说明	职业价值系数
基本的	指不管什么职业处于什么领域与层次，均应掌握的基本工作能力，且这些能力的获取与培养相对较简单容易，比如沟通协调、文案计划、诚信好学等。	1
专业的	指某些需要较长时间或专业培养才能具备的能力，比如专业、技术、经验等。	1 ~ 2
关键的	指胜任某些职业必需具备的能力，若不具备对应能力，会严重影响其工作推进，比如某创业公司，精通投融资运作就可以例为其财务总监的关键能力。	1 ~ 2
稀缺的	指有些能力在市场上较为稀缺难以取得，但它却是该职业必不可少的，比如特别高端的科研能力、有些专业冷门的能力等。	1 ~ 2

（二）能力变现值

能力变现值的评估，是在能力获取值的基础上，乘以投资回报率（盈利水平就作为最终调整依据）系数，以及个人能力水平或发挥的程度（见表 7-3）。

能力变现值＝能力获取值 × 投资回报系数 × 人才能量级系数

表 7-3　　　　　　能力变现值计算方法与示例

单位：元

能力项	能力获取值	投资回报系数	人才能量级系数	能力变现值
沟通协调能力	200	1	1.5	300
IOS 编程能力	750	5	2	7500
投融资运作能力	1600	20	2.5	80000
反黑客能力	3000	10	2.5	60000

● 投资回报系数：根据企业财务方面的投资计划，参考其预期的投资回报率，并结合实际达成的盈利水平，设定人才能力的投资回报系数，这个系数弹范围较大，可到达 1 ~ 50 倍，甚至更高。

• 人才能量级系数：根据市场上同行业、同领域、同地区等相对条件对比出来的能力水平及能量大小的层级，分类四级，即一般、中等、优秀、卓越，设定相对的弹性人才能量级系数（见表7-4）。

表7-4　　　　　　　　　　　能量级与价值系数

能量级	分类说明	人才能量级系数
一般	指只处于较为基础的能力水平	1
中等	指能力水平在可对比范围内处于中等	1 ~ 1.5
优秀	指能力水平在可对比范围内处于较为优秀与突出	1.5 ~ 2
卓越	指能力水平相当出色，并成为领先与标杆	2 ~ 3

从能力的获取值到变现值的转化过程中，有的是直接变现，有的是机会变现。不能的能力类、能量级，可以设计不同的系数。不同的回报率是能力变现的量化计算依据。

二、能力资本变现化

根据表7-1、表7-3，可以计算出能力投资变现盈利值与盈利比，然后通过盈利值与盈利比指导投资、激励与合作等政策机制（见表7-5）。

表7-5　　　　　　　　　　能力资本盈利计算方法与示例

单位：元

能力项	能力获取值	能力变现值	盈利值	盈利比（倍）
沟通协调能力	200	300	100	0.5
IOS 编程能力	750	7500	6750	9
投融资运作能力	1600	80000	79840	49
反黑客能力	3000	60000	57000	19

- 盈利值＝能力变现值－能力获取值
- 盈利比＝（能力变现值－能力获取值）/能力获取值

投融资运作能力、反黑客能力，这两项的获取值与变现值相差较大，就是能力资本获益的重点，而对于沟通协调能力所对应的获取值与变现值相差甚微，则是属于基础性投入。

在企业实际运作中，就是需要找出那些具较高变现能力的能力项，并针对拥有这些能力项的人才列入公司的股期权、利益分红等激励与合作机制体系内。

观点：股权不是激励机制而是理所应得

很多年前，业界就在探索股票期权这类新兴并颇有诱惑力的激励机制。国内的企业近五年内也逐步所采纳与施行，但只局限于少数较为前端、新兴的领域，比如科技、互联网、金融、高端服务等企业，当然也有一些传统企业针对少数高层与骨干人员设计了对应的股权激励方案。

新鲜事物的诞生，激励机制的改革，开始时总会给人美好的期望，但真正的效果有些虎头蛇尾，雷声大雨点小，甚至成为一种形式、手段，难以兑现。

股票期权的分配方案可以灵活多变，对于大多数并没有取得上市发行股票资格的企业，基本上是采用虚拟股权或期权的方式。并且不管是虚拟股权还是期权，它们都会被服务时间、工作业绩、领导认同、盈利数据等众多主观性、不确定性因素制约。

因此，多数人即使取得了让人心仪的虚拟股权或期权，本质上仍然摆脱不了上班打工的事实，企业依旧不是员工的归宿，员工依旧不是企业的主人，所谓的股权激励也沦落为一纸方案，难以按预期激起员工的斗志。

为什么被鼓吹具有巨大诱惑力的股权激励演变成了鸡肋行情？

我们得从企业的经营目标与资本认知两方面进行剖析。

企业的经营目标，在此不谈那些高大上与虚无的使命与事业，它最核心的目标就是盈利，粗俗厄要地说就是：企业的投资者要赚钱！

为了赚钱，就要投资，千百年来的思想惯性，投资方式基本被等同于有形资本的投入。所谓有形资本，主要体现于资金、物质、工具等直接或容易转换为货币的资源，企业的利润之来源，基本都被认为是由这些有形资本所产生。对于人才这类较难评估的无形资本，虽然在创造剩余价值中具有至关重要的能动作用，但在资本环境中被淡化成为被奴役的工具，即人力与人力成本。

尽管大约150年前马克思在《资本论》中阐述了资本家如何剥削工人的剩余价值，到了今天，大部分以盈利为目标的企业，投资人仍然还在重复着往日的故事：资本为王，员工只是拿钱干活的"人工"而已。

于是，在这种历史背景的影响下，思想根源的引导，管理界把员工的经济利益定位为薪资、奖金、分红。剥去它们的理论外衣，简明地说，薪资就是聘请员工最起码的保障费用，金奖就是视员工表现与业绩情况的补充费用，分红就是企业出现盈利时才可能进行分配的激励费用。

在"人力资本""人才资本"的呐喊声中，鲜有观点质疑与分红密切相关的虚拟股权、期权类的激励方案，都是一片推崇与期望，总以为给员工分配了虚拟股权、期权就是对人才的重视，实现了"人才资本"，总以为这类股权方案就是最合理、公正的分配与激励机制。

殊不知，如果真正理解、认同并实现"人才资本"，那么股权不是激励机制，而是人才的理所应得。

为何出此大违业界认知的狂论？

我们描绘下大部分企业的投资缩影：拿一笔钱＋找一群人→经营某种产品或服务→产生利润获取收益。

其中的"钱"与"人"就是最开始投入的资本。"钱"可以是资金、物品、厂房、工具等可以直接折算成钱的资本；"人"就是由于具有某种"能力"，把"钱"通过产品或服务等形式实现利润的难以衡量的资本。

那么，人才具有"能力"，这些"能力"就是无形的钱。既然钱是资本，人也自然是资本，同样是资本，为什么"人才"不能享有与"资本"等同的价值评估与回报呢？

因此人才因为有"能力"成为企业的资本，就可以拥有类似投资回报率类的人才望值。比如投资人出资1000万元一年想盈利20%，就是要赚200万元（这是老板期望）；公司所有人才的某种学识、经验、技术、特长、智慧、思维等能力合计之估值是100万元（薪资），期望一年内这些能力升值或创造到200万元，就是希望获取100万元的奖金或分红（200-100），这100万元就是这群人才因为其"能力"这种无形资本投入到公司的经营活动过程中，就应该享受与有形资本类同的投资回报，而不是嗟来之食，不是意外的赏赐与激励（上述数据只是假设，实际计算分红时，需要按照投资回报率、回本周期、人才期望值、资产折旧率、运营成本等一系列数据进行设计，在此不再细说）。

当然，不是每一位员工都具有可评估为无形价值的能力，不是每一位员工都可以享受股权这种"理所应得"。关于能力资本化的分析、衡量、模型与变现，本书相关章节已有阐述。

第四部分　附　文

附文1：某公司的能力素质库

一、通用素质类

人际理解：是指想去理解他人的愿望。能够帮助一个人体会他人的感受，通过对他人的语言动作等理解，分享他人的观点、把握他人没有表达的疑惑和情感，并加以影响（见下表）。

等级	关键词	通用描述
1级	被动倾听，理解行为	能倾听他人的感受，了解他人心情并理解他人过去的行为
2级	主动倾听，设法影响	愿意敞开心扉，刻意营造谈话机会或是积极设法去了解他人感受，并试图影响、培养、帮助或领导他人
3级	了解潜在想法，预测他人响应	利用倾听与观察，了解他人尚未说明的想法、感受，预测他人的反应并预作准备或敦促他人自动自发地采取行动
4级	了解根本，主动回应	了解根本的问题所在，公平看待他人特定的优缺点，积极回应他人关心的事情
5级	了解复杂的根本问题，积极协助	了解他人的基本态度、行为模式或问题的复杂原因，对通过主动提出或观察得知的问题提供协助

　　客户导向：是指具有能够站在客户的立场为客户提供服务，能够满足客户需求，并促成高客户满意度的意识（见下页表）。

等级	关键词	通用描述
1级	履行职责，满足客户基本需求	了解客户需求和自身职责对客户的价值，对客户的询问、需求、埋怨能采取行动，使客户熟悉事件进展，但不去了解、探求客户的根本问题和需求，不能抓住客户需求的核心
2级	沟通期望，亲切服务	与客户在共同的期望上保持清晰的沟通，留意客户的满意度，并提供亲切愉快的服务
3级	快速反应，满足客户需求	工作中总能遵循"explore — offer — action — confirm"原则，主动了解客户需求，快速响应和解决问题并实时反馈，能够经常满足客户"满足性需求"
4级	重视长期效益，超越客户需求	以长远的眼光来解决客户的问题，为客户寻找长期的利益，或采取行动为顾客创造可以预见的成果。满足客户的根本性需求，超过客户的期望，获得客户高度认同和评价
5级	客户伙伴，团队带领	能够成为客户遇到问题、寻求帮助时足以信赖的咨询顾问角色，为客户提供专业的咨询和支持；分享经验和方法，以自身的实践影响团队其他成员，共同致力于为客户提供卓越的服务

　　市场导向：指关注市场的信息和变化，以市场的发展变化作为自己工作的行动指南的意识或倾向（见下页表）。

等级	关键词	通用描述
1级	普通市场信息搜集	能在工作中通过正规途径对市场的信息进行收集，但缺乏对市场变化的敏感度
2级	关注市场动态	密切关注市场经济环境、客户需求的变化、产品技术的发展，能掌握市场变化的信息
3级	洞察市场机会，提出初步设想	能够快速准确地获得来自市场的第一手资料，保持对市场变化的敏感，能够洞察到隐藏的市场机会，并且提出合理的捕捉市场机会的设想
4级	灵活应对市场变化	对市场变化反应迅速，利用市场信息指导产品、市场营销和建立联盟等决策，有意识建立所在区域内的市场变化情报信息体系
5级	全面掌握市场信息，拓展市场空间	根据对地区的经济环境、文化、价值观、客户习惯等方面的深入了解，洞察和发现潜在的市场价值和商机，推出新的产品、服务和竞争策略，引导市场潮流、发掘更大的市场空间

成就导向：是指个人希望更好地完成工作或在工作中追求卓越的愿望和内驱动力。

等级	关键词	通用描述
1级	专注工作，保质保量	能专注于日常工作，按时完成工作任务，基本保证工作质量
2级	实时分析工作过程及成果	能努力将工作做好，达到公司的要求，并对工作过程及成果做出初步分析
3级	设立目标和标准，并努力达成	为日常工作设立目标，并积极努力达到这些目标，为自己的工作设立衡量优秀的标准，并向此标准努力
4级	充分考量成本效益	在完成任务前有做成本-效益分析：在仔细计算过投入和产出的基础上做决定、定先后或选定目标；对潜在利润、投资盈利率或成本效益分析做详细明确考虑
5级	承担风险，超越成功	明知有风险仍一往无前：为提高效益调动最大资源和时间（明知不一定成功），即改进业绩，达到一个有大难度的目标等

主动性：是指在没有人要求的情况下，付出超出工作预期和原有层级需要的努力，通过这些付出可以改善工作、提高效率／效益，避免问题的发生，或创造出一些新的机会（见下表）。

等级	关键词	通用描述
1级	及时反馈	能按要求完成工作；发现问题时，能及时反馈，并跟进处理
2级	应对当前问题	辨认和应对目前的机会或问题；发现问题时能采取两个或更多的步骤来克服障碍及困难，虽然事情进展未必顺利，但也不轻言放弃
3级	超额付出，快速决策	付出额外的心力去完成工作；在遇到危机时快速采取行动并做出决策
4级	承担新项目，提前发现及预防	承担远超过要求的新项目的任务；提前准备，通过特别的努力来发现机会或减低潜在问题
5级	带动他人超额付出，创造机会	率领团队付出额外的努力去从事工作；提前行动，避免问题发生及创造良机

自信心：是一个人面对挑战或各种挫折时，对完成一项任务或采取某种手段完成任务、解决问题所表现出来的信念（见下表）。

等级	关键词	通用描述
1级	独立处理，承担责任	能独立做决定，工作上不需要上级频繁监督；有勇气承认失败及缺点
2级	行动证明自信，错误中学习	在冲突中清楚表达自己的立场，以行动来支持或证明自己所表达的自信心；分析自己的表现来了解失败，以改善未来绩效
3级	额外责任承担，清楚表达立场	愿意承担额外的责任，以有技巧或礼貌的方式表达与主管或客户不同的意见，与上级观点有冲突时以清楚自信的方式表达自己的立场

自我控制：指人在遭受阻力敌意压力时保持冷静抑制负面情绪和行动的能力（见下页表）。

等级	关键词	通用描述
1级	制度遵守	在日常的言行中能很好地控制自己的言行举止，表现出对组织制度与规范的尊重和遵守
2级	情绪控制，持之以恒	能控制生气、挫折或压力等强烈的情绪，在工作中能够保持良好的体能和稳定的情绪状态，办事能持之以恒，处理问题较有主见
3级	持续压力管理	使用压力管理技巧来控制反应，避免崩溃、有效处理持续的压力
4级	高压局面控制	在高压情境下，善于采用有效行动，处理好自己和相关人员的情绪，控制局面，保持良好的工作效率，确保工作任务的完成
5级	长期抗压，感染他人	能长时间承受超常的工作强度和压力，坚持既定的目标，保持乐观，感染他人，保持团队的战斗力，出色完成任务

适应性：指一个人在不同的环境下与不同的人或群体工作时所表现出的适应性（见下表）。

等级	关键词	通用描述
1级	有效认同，积极融合	能够认同相异观点的正确性、不同环境的有效性，并在较短一段时间内积极融入新组织
2级	行为调整，接替基础任务	根据实际情况或他人的反应，调整个人行为或方法以适应环境；在紧急情况下必要时愿意替同事完成基础性任务
3级	策略调整，接替复杂任务	依据情况快速调整自己的策略目标或计划，以便更好地完成组织交付的任务；能在相关领域内接替他人复杂任务
4级	组织调整	在自己或顾客的公司里进行小规模或短期的调整，以适应实际情况需要
5级	战略调整	在自己或顾客的公司里进行大规模或长期的调整，以适应实际情况的需要

组织承诺：指一个人有能力并愿意，将个人的行为调整到与组织的需求、重要决定和目标相一致，并在行动上协助达成组织目标或符合

组织需求（见下表）。

等级	关键词	通用描述
1级	适当遵守常规	主动付出，适当尊重组织常规
2级	适度忠诚，愿意协作	表现出适度的忠诚度，愿意协助同事完成任务，尊重权威者的期望
3级	关注组织，适度承诺	了解组织任务与目标，积极支持；调整自己的活动与重要事项以符合组织的需要；了解合作的重要，以达成较大的组织目标
4级	组织需求高于个人需求	将组织需求置于个人需求之上；做个人牺牲以符合组织需求，将组织需求置于个人专业身份、喜好与家庭之上
5级	为公司利益舍弃本部门利益	为公司长远的发展而牺牲本部门短期的利益（例如在自己的部门内愿意降低成本或裁员，承担更多的任务等），要求他人也做出牺牲以符合组织需求

团队合作：有较强的团队荣誉感和合作意识，主动与他人协调、配合，工作中能够以发挥团队整体的优势为重的意识状态（见下表）。

等级	关键词	通用描述
1级	有团队意识，乐于合作	在日常工作中，愿意接受他人的合作请求，并很好完成他人交付的工作；愿意主动的与他们分享自己的工作体会、技能和掌握的新知识等，让他人受益
2级	根据团队利益来安排日常工作	以团队工作的业务目标和利益为出发点，自觉地将自己的工作目标与团队目标结合起来，优先安排团队或他人交付的工作，并能很好完成
3级	化解团队的冲突	公开团队里的冲突，不隐藏或回避问题，能采取行动化解冲突，并鼓励或促成有力的冲突解决方案
4级	营造团队合作氛围	公开表扬他人的良好表现，鼓励并给予他人动力，让他们感觉到自身的价值。采取行动增进友善的气氛、良好的士气及合作，维护并提升团队在外部的声誉
5级	激发他人超额努力	拥有真实的号召力，提出令人折服的远见，激发人们对团队使命的认同热情和承诺，带动他人一起付出超额的努力

逻辑思维：指运用整合、分解的思维方式，从分散、复杂的信息中看出事务之间的联系，找到事物背后隐藏的问题或存在的模式；逻辑思维包含归纳总结，演绎分析两种不同的思维模式。

亲和力：指个人形体上所具备的一种能让周围的人感觉到很和蔼友好、容易接近和交谈，并让他人感到舒服和愿意倾诉，不受到职位、权威的约束所真挚流露出的一种情感力量（见下表）。

等级	关键词	通用描述
1级	友好，易接近	能主动进行沟通和互动，并能在建立了较为熟稔的人际关系的基础上给人友好、容易接近的形象
2级	热心，可信赖	在日常接人待物和工作中能经常表现出对周围事务的热心与关注，并在与人交际中有意识的控制自己的表情与语言，表现出尊重他人、温和有礼的态度，能让他人感到可信赖
3级	换位思考，快速获得信赖	能在谈话与交际过程中，很好的把握对方的心态，换位思考的理解对方的处境，能持续表现出善解人意，让人信赖和可靠的形象；在与陌生人的交往中，能很快获得认可与信赖
4级	让周围人感觉快乐	具有非常敏锐的洞察力和幽默感，能见机行事，适应各种交际环境，在与人接近或交谈时，能自然而然地散发出让人感觉快乐的气质，以风趣幽默、达观的态度参与各种交际
5级	人格魅力，人际吸引	是一种由内在自然而然散发的人格魅力，让人于无形中产生快乐放松的状态和乐于主动接近、结识、倾诉与放松的愿望，而不受职位或权威的约束

诚信负责：随时随地以诚信开展业务，遵守公司制度规定和社会道德规范，对工作具有较强的责任心，能进行自我约束和自我管理。

等级	关键词	通用描述
1级	健康心态，遵守规则	有着健康良好的心态，尊重他人，真诚待人；遵守公司的规章制度，有较好的社会公德
2级	诚实守信，自我管理	为人正直，能够做到诚实守信，言行一致；重视自我形象管理，在日常的言行中能很好地控制自己的言行举止，表现出对组织制度与规范的尊重和遵守

等级	关键词	通用描述
3级	认真负责，赢得信任	有较强的是非观念和社会公德意识，严格遵守公司的制度规定和社会道德规范，对工作具有极强的责任心；一贯以认真负责的态度对待各项工作，从而赢得大家的信任。做人做事坚持原则和标准，能够做到严于律己，奉公守法，不该说的话、不该做的事，绝不轻易去说去做
4级	严于律己，奉公守法	随时随地以诚信展开业务，对人非常真诚，在公司中成为可被信赖的对象；有较高的职业道德素养和品格，即使面对各种关系和利益的威逼诱惑，都能保持清醒的头脑，把握好自己
5级	廉政无私，克己奉公	为他人充当起道德行为的楷模，培养别人的道德行为

二、通用技能类

学习能力：指对待新事物有浓厚的兴趣，不断提取有用信息，能够理解并掌握，并能学以致用的能力。

等级	关键词	通用描述
1级	指导下学习	能够通过示范式、教练式学习或者指定的学习资源掌握做好自身岗位工作所需要的知识、技能、工具和信息等
2级	主动学习，了解动态	能够自学或主动向他人学习本业务领域内的知识、技能；了解专业领域的最新发展情况并努力在工作中运用，创造符合岗位要求的绩效
3级	融会贯通，乐于分享	积极寻求和创造学习机会，善用学习资源，超越岗位需求，学习自身业务领域以及相关业务领域的知识，具有能够运用所学知识举一反三，能够与团队成员交流和分享相关知识、经验，创造良好绩效
4级	协调资源，团队成长	能够充当起团体外的知识资源协调者的角色，充分利用起团队外的知识资源提升自身业务知识、技能；通过知识共享帮助团队其他成员提高，能使团队的业务水平居于公司其他团队业务水平之上，并有一定的成果体现
5级	学习团队，业内标杆	能够带动团队其他成员主动学习，营造团队学习氛围，使学习成为团队的一种习惯；自身业务领域权威，并通晓一定相关业务领域知识，带动团队的业务水平居于组织相同团队前列，成为标杆

创新能力：指能够突破旧有框架或体系，不断在工作中应用新的要素或方法，产生新的产品或方式方法的能力（见下表）。

等级	关键词	通用描述
1级	自觉改进	能够不时提出新想法、新思路，并尝试应用到实际工作中，能够自觉对自己的工作方法和成果进行改进
2级	主动创新，团队推广	经常举一反三，提出新想法和思路并积极尝试，将自己实践成功的想法或工作思路在团队内推广，并让他人也能从中受益，取得一定可见成果
3级	关键创新，公司推广	能就本业务领域的关键工作提出业界认可的、突破性的理论或模型，并能公司范围内推广实施，受到周围同事的尊敬
4级	重大创新，公司奖励	经常对公司的关键工作和关键流程提出突破性的创新想法，并在公司范围内推广成功，为公司节源增效，受到公司创新奖励

规划能力：指通过调查研究，在了解市场、了解客户需求、了解竞争对手、了解外在机会与风险以及市场和技术发展态势的基础上，根据公司自身的情况和发展方向，制定出可以把握市场机会，满足消费者需要、满足内部管理需要的产品、知识、方案、制度等成果的能力（见下表）。

等级	关键词	通用描述
1级	指导下参与	根据指导收集信息，整理资料
2级	参照模板完成局部规划	知道产品、制度、方案规划设计相关的工作产品、流程、规范和指南，能进行现状分析，清晰描述出使用者的原始需求，但需要在指导下参照已有的模板等完成局部功能（如应收应付核销）的规划抽象工作
3级	独立完成局部规划	熟悉产品、制度、方案等规划的方法论，掌握了相关的规划工具（UML，EPC等），独立完成局部功能规划工作（概要需求列表，需求规约，项目建议书等）
4级	独立完成领域规划	熟悉某一领域的规划，能进行多维度信息的收集和分析，提出领域的产品发展、方案、制度方案，较好满足客户需求及公司的发展需要
5级	系统规划，成绩显著	能通过对多种信息的全面分析，提出系统性的整合规划方案并成功实现，为企业取得显著的成绩

信息搜集能力：通过有效途径收集信息并对其进行归纳、整理的能力（见下表）。

等级	关键词	通用描述
1级	直接获取，简单归纳	从已确认的信息来源中直接、有效地收集信息；能够对信息进行简单的汇总和分类，归纳出主要内容
2级	围绕工作，全面收集	根据工作任务的需要，分析并确定应该收集什么样的信息；独立确定合适的信息收集渠道，并选取有效的方法，全面地收集信息
3级	渠道整合，系统获取	接触其他的渠道或对象，掌握他们的观点、背景资料及经验。通过一项系统的方法获得资料或反馈，或通过报纸、杂志、其他来源等进行研究
4级	持续收集，深刻研究	基于对某种资料的兴趣与偏好，运用自己持续不断的方式搜集信息，对问题进行深刻的研究
5级	洞察潜在，挖掘方法	探察未来可以利用的潜在重大机会或各种信息，对一系列的问题进行探究，针对矛盾之处，不断挖掘真正的解决方法

沟通协调能力：一种正确倾听他人倾诉，理解其感受、需要和观点，并能作出适当反应的能力，使双方和谐一致（见下表）。

等级	关键词	通用描述
1级	良好意愿，理解对方	具有良好的沟通意愿，多数情况下都能够有效倾听和理解对方
2级	准确表达，简单协调	能准确无误、简练的表达自己的观点，能够进行简单的协调
3级	引导交流，协调解决	准确的领悟对方观点，并能引导对方沿着自己的思路展开交流；当工作出现问题，总能积极的想方设法去寻求帮助，协调工作群体中的其他成员共同解决问题，使工作正常进行
4级	巧妙沟通，解决难题	良好的沟通协调技巧，讲求方式方法；善于因人而异，采取针对性沟通方式方法；经常能够通过有效沟通和协调解决别人感到难以解决的问题，沟通能力受到周围同事普遍认可
5级	调用稀缺，有力解决	与团队分享有效沟通和协调的经验和方法，带动团队沟通协调能力提升；对于突发或复杂的重大问题，能够协调公司的稀缺资源，促成有力的解决方案

组织认知能力：是指个人了解在本组织或其他组织中权力关系的能力，以及在更高的层次上该组织在更大范围当中的地位。这里包括辨

明谁是真正的决策者，以及哪些人能够影响他们，预测新的信息或情况将如何影响该组织中的个人与群体（见下表）。

等级	关键词	通用描述
1级	依据架构，了解基本	了解组织正式的架构；辨识出或叙述（使用）一个组织的正式架构或层级组织，如"命令链"、职权、规定标准操作程序等
2级	了解潜在，正确使用	了解本组织中非正式的架构；辨识出未言明的组织约束力——在特定时间或特定位置上，什么可能以及什么不可能，认出并使用效果最好的公司文化或语言等
3级	了解政治，描述关系	准确了解客户/其他部门的组织架构，准确分辨决策关系，并为公司业务开展提供帮助
4级	掌握当前，有效引导	了解根本的组织议题，找出现存的组织行为或组织根本问题的原因，能有效引导或影响并使公司获益
5级	掌握长远，长期获益	了解组织的长期根本议题，提出影响组织与外界关系的长期根本问题机会或政治力量，并有效引导使公司获得长期利益

关系建立能力：对人际交往保持高度的兴趣，能够通过主动、热情的态度以及诚恳、正直的人格面貌赢得他人的尊重和信赖，从而赢得良好的人际交往氛围，并能顺利地获得他人的信任与支持，被认为具有合作性和可靠性（见下表）。

等级	关键词	通用描述
1级	热情主动，关系积极	热情主动，有效参与同事间非正式交谈，建立与团队内他人积极有效的关系，与同事建立非正式的相互往来
2级	内部网络，有效联系	利用关系网络将自己的工作与公司内其他部门正在进行的工作进行整合，发展并维持与其他部门人员的有效联系
3级	外部互动，关系促进	积极寻找共享资源，与外部同事共同推动能促进双方业务发展的信息与程序互动；并能促进团队内他人之间的良好关系建立
4级	外部伙伴，关系紧密	与外部有经验和专业技术的人建立联系和合作，发展并维持有效的外部关系网络；积极与其他组织共享经验与专业技术，赢得他人的信赖；能发掘潜在的外部合作伙伴（如那些可能会带来新的合同和潜在生意的关键角色），并与其保持较为紧密的联系和良好的关系
5级	灵活建立复杂人际关系	对人际压力有良好的承受力和应对能力；能够针对不同情境和不同交往对象，灵活使用多种人际技巧和方式，以适应复杂的人际环境

战略影响力：表明了一种试图支配和统率他人的倾向及能力，使一个人采取各种劝诱、说服甚至是强迫的行动来影响他人的思想、情感或行为（见下表）。

等级	关键词	通用描述
1级	有影响的意图，但无有效行为	表现出意图但未采取特别的行动，意图具有特定的影响或冲击；表现出对声誉、地位和外表的关心；采取单一行动进行劝导，未做出配合观众层级和利益的任何尝试。在讨论或演示会议中，使用直接劝导的方式（例如通过推理、资料、更大的目标；利用具体事例、视觉辅助材料、示范说明等）
2级	初步行动，但无明显尝试	采用一两个步骤的行动进行劝导；未做出配合观众层级和利益的任何明显尝试，包括仔细准备含有各种资料的演示文稿，或在讨论会议中提出两个或两个以上的论据
3级	主动思考行为将带来的预期影响	预计一个人行动或言语的冲击；调整演示文稿或会议，讨论以配合他人的利益和层级；预先考虑到一个行动或其他细节在人们对说话者的印象上所造成的影响
4级	通过特定行动来造成影响	设计一个戏剧性的行动；以身作则，展示想要他人做出的行为，或采取一个经过认真考虑的不寻常或戏剧性的行动，以便制造一个特定的冲击；采取两个步骤以造成影响，每个步骤都配合特定观众，或为一个特定的效果而策划，或是预先考虑到他人的反应并提前做准备
5级	为达到可预期的影响而谋划不同行动	三个行动或间接影响：利用专家或其他第三者造成影响；或采取三个不同的行动，提出复杂的、经过策划的论据；组成政治联盟，为使自己的想法成立赢得"幕后"支持；从容而谨慎地提供或保留信息，以获得特定效果，复杂的影响策略；使用专为个别情况而设计的复杂影响策略，（例如：利用间接影响的连锁反应"让A展现给B看，然后B就会如此这般告诉C"）；使用复杂的政治手段达成一个目标或产生一个效果

执行力：对待承担的任务有着较强的完成紧迫感，快速应对，合理利用、分配现有资源，使得预定目标如期达成的能力（见下表）。

等级	关键词	通用描述
1级	简单计划，按时推进	能制订简单的工作计划，保证按时完成工作任务，基本保证工作的质量
2级	把握重点，追求优秀	能高效地完成各项工作，但在本职工作上偶尔出现缺少预见性、全局性、系统性；能抓住工作重点，综合多种因素制定工作计划，努力使工作达到优秀的标准，并能为自己设立略富挑战性的目标
3级	重视战略，积极落实	基于公司发展战略和业务目标，策划本业务领域全局性计划和策略，使得公司发展战略和业务目标能有效落实；对于影响公司未来发展的事情和变化，予以重视并提出具体的建议或行动措施
4级	系统思考，持续推进	经常进行预见性、全局性、系统性思考，结合组织现实的资源状况、运作模式和企业文化，制订与战略目标一致的具体行动计划，做好风险预估及应对，并在计划实施过程中不断校正计划与战略的偏差以取得良好效果
5级	指导落实，意志坚定	能够分析市场环境的机遇与挑战，组织的优势与劣势，评估战略价值，探寻实现战略的机会，指导并推动公司战略有序高效的落实与执行；面对久攻不下的难题或困难坚忍不拔，直面挫折，可采取持久的行动，付出不断的努力，并最终能取得成功

解决问题能力：是指运用工具、方法，调用各类资源分析并解决本职工作、部门运转、公司经营（含本公司及外部客户）方面遇到的问题的能力（见下表）。

等级	关键词	通用描述
1级	发现常规，指导下解决	能够发现职责范围内的常见问题，并在他人的指导和帮助下解决
2级	独立解决常见问题	能及时和相关人员交流，独立解决常见问题；善于发现工作过程中的共性问题，透过问题的表面现象，找出问题的根源
3级	独立解决领域内难题	能够独立解决业务范畴内具有一定技术难度的问题；能够发现问题的发展趋势，并进行分析，为控制问题和解决问题提出可能的解决方案
4级	解决重大问题	于重大事件或突发问题，能够及时采取措施，控制局面，独立或协调多方资源有效进行解决；能从多维度分析问题产的各方面原因，并对发现问题的工具和方法进行总结和归纳和改善
5级	预见性解决，形成案例	能够预见性解决重大复杂问题，将解决问题的方法形成典型案例，作为今后解决相关问题的标准；分析不明确的问题和复杂的涉及多方面关系的问题，并能针对性地提出预见性问题的防范

　　口头表达能力：是指在工作、社交、交流等场合中，用口头语言来表达自己的思想、情感或见解看法等，以达到与人交流的目的的一种能力（见下表）。

等级	关键词	通用描述
1级	口齿清晰，平实表达	发音正确清楚，不漏掉音节，不拖长尾韵；能平实地描述事物，陈述问题，用语言清楚地表达出自己的意见、看法或见解
2级	技巧的初步运用	在描述事物，陈述问题时能确定适当的语调；句读分明，能运用声音的高低、轻重和节奏的快慢表达出所要表达的思想情感，并注意强调关键的或最有意义的词
3级	活用肢体语言准确表达	能准确无误、条理清晰地描述事物和陈述问题，运用深入浅出的语言，使对方易于理解，乐于接受；能借助声音、表情、姿态等手段表情达意，口头语言富有感染力和机动性，容易触发受话人的情感
4级	思维敏捷，随机应变	语言具有极强的说服力和感染力，对自己想要描述的事物或陈述的问题有深刻的理解，清楚所表达内容所蕴含的隐性的思想和内涵，并能据其确定自己的声音和语调；思维敏捷，反应迅速，随时关注受话者的反应，并做出正确的判断，能迅速地调动、分析和整合全部的语言资源，找到恰当的词语，并能脱口而出的进行表达、描述或作出相应的回答

　　演讲能力：能够通过专业的、富于技巧的演讲向内、外部客户传播产品知识，展现产品特色（见下表）。

等级	关键词	通用描述
1级	准确传递，小范围演讲	有效地将资讯传递给少数观众；预先考虑信息，以合理的流程组织报告，以可理解的形式提出口头信息
2级	恰当的技巧，及时调整	在演讲中按需运用举例、类推、解释阐明观点和概念，并能依据听众的反应，及时调整演讲策略
3级	氛围热烈，逆境沟通	巧妙地提出观点和想法，并在听众间营造热烈氛围；对有争议的问题或难相处的观众，善于有效沟通
4级	应对自如，听众共鸣	能够结合听众的特点与关注的焦点，灵活的调整演讲内容的深度与广度；通过与听众的互动，善于挖掘听众的隐藏需求并引发听众的共鸣，使演讲获得超出预期的效果

写作能力：指在工作过程中，通过叙述、描写、说明、议论等书面展现的方式方法，制作专业的、观点明确、表达充分的书面工作成果的能力（见下表）。

等级	关键词	通用描述
1级	清晰，连贯	运用正确的语法、拼写和标点，段落要有适当的长度；书面成果语句连贯、逻辑清晰
2级	行文准确，使用图表	撰写较为复杂的专业成果时，行文准确、通顺、简洁和富有逻辑性，且能适当地利用图表来传达内容
3级	行文流畅，善用图表	能巧妙的组织语言文字和熟练运用图标制作复杂的专业性或技术性的书面成果，行文流畅、逻辑严谨、结构清晰、文字简洁并易于理解
4级	精炼描述新事物	能面对不同层面的受众，灵活自如的运用各种书写技巧和工具将能将新的观念、想法、概念等抽象的思维转换其易于理解的各种形式的书面成果
5级	拟定文档标准，图文并茂	能与国内外专家共事，并能制订和开发文档标准及工具；能提炼概括出新的方法或工具，运用实用的新概念或新方法，开发和制作出复杂而有艺术水准的书面成果

信息处理能力：通过有效途径对所收集的信息进行归纳、整理，综合运用办公软件、公文写作技巧等工具方法撰写各类公文文书，并对接收的信息进行内容的真实性、时效性和可用性等方面的分析、判断、取舍与传达（见下表）。

等级	关键词	通用描述
1级	简单处理，形成文档	能够对信息进行简单汇总和分类，归纳主要内容，能完成简单文书的写作，能按要求完成基本的会议记录等文职工作
2级	独立处理，掌握常用软件	能根据工作任务需要及信息掌握，独立分析并能完成常用文书的写作，较好的进行文案管理；熟练完成会议记录等文职工作并能较好的运用常用的办公软件
3级	高效处理，掌握多种软件	善于快速，准确地从复杂信息中捕捉有价值的内容，能高质量地完成常用文书的写作和进行文案管理，熟谙会议记录等各项文秘知识，熟练运用各类办公软件及PPT等方案工具

续表

等级	关键词	通用描述
4级	统筹处理，协助撰写高端公文	根据部门或公司整体工作的要求决定信息处理的目的、质量标准、处理方法以及其他具体要求；指挥、协调各类文案处理，协助领导起草讲话稿、来往函件及各类公文文书，并进行相应的传达或处理
5级	捕捉隐含信息，独撰写草高端公文	能够策划发起复杂的信息处理工作，从海量的多方信息中，捕捉到隐含的有价值的信息；熟练处理各类文案，能独立为领导起草讲话稿、来往函件及各类文书，并能准确的分类进行信息的有效传达或处理，精通计算机运用

时间管理能力：指综合运用各种管理工具或方法合理进行时间和资源的分配，在计划的时间内成功有效地完成既定目标的能力（见下表）。

等级	关键词	通用描述
1级	及时完成	基本能及时完成工作任务
2级	时间观念	有一定的时间观念，能及时完成工作任务
3级	时间控制与管理	有良好的时间管理理念，有效地进行规划与控制，如期完成工作任务
4级	严格时间管理	严格的时间管理理念，对部门与自身工作进行有效的规划，并严格推进

附文 2 : 能力系数获取方法——常模

本书中有关能力价值衡量与能力资本转化中相关系数，均需借助常模这个方法与工具，在大数据环境下分析与取得。

常模是一种供比较的标准量数，由标准化样本测试结果计算而来，即某一标准化样本的平均数和标准差。它是人才测评用于比较和解释测验结果时的参照分数标准。测验分数必须与某种标准比较，才能显示出它所代表的意义。

一、概　念

测验常模简称常模即指一定人群在测验所测特性上的普遍水平或水平分布状况。可分为组间常模和组内常模两大类。前者有年级、年龄常模，反映不同群体在测验上表现的差异。后者有百分等级、标准分数、离差智商等常模。常模的构成要素为：①原始分数；②导出分数；③对常模团体的有关具体描述。

二、建立步骤

①科学抽样，从清楚而明确地定义的"特定人群"总体中，抽取到容量足够大、并确具代表性的被试样组；②要用拟建立常模的测验，采用规范化施测手续与方法对标准化样组（常模组）中的所有被试，施测该测验，以便恰当而准确地收集到所有这些被试在该测验上的实际测值；③对收集到的全部资料进行统计分析处理，真正把握被试样组在该测验上的普遍水平或水平分布状况。

三、作　用

常模的作用是让测验者明白测验结果分数的意义。心理测验是一种测量人的心理状态的技术手段，如同一个医生量一下你的血压就可以知道你的血压是否偏高偏低一样，心理测验也希望达到类似的心理测量目的。

测验者在人才测评系统中完成心理测验以后，将会得到一个自己的位置，比如当你完成判断推理测验以后，可能被告知你的判断推理能力要比75%的人都要高，你会不会觉得这是不可思议的呢？你会问，经过测验就可以知道我会比多少人要高吗？还是同样的比喻，你为什么会信任一个血压计的指数？因为血压计是客观的，其实测验的结果也是客观的，两者的结果都是以数值的形式表现的，你之所以能够从血压计显示的数值中了解自己的血压是高了还是低了，那是因为你知道正常的血压范围是多少，这是一个比较的结果，将你自己的血压与正常的血压范围进行比较，然后你得出了一个关于自己血压的结论。

四、常模团体

（一）性质

（1）常模团体：是由具有某种共同特征的人所组成的一个群体，或者是该群体的一个样本。

（2）常模团体在某方面的心理特质：常模是用一个标准的、规范的分数表示出来，以提供对个体作比较或评价的基础。

（3）任何一个测验都有多个可能的常模团体。如智力测验分儿童智力测验和成人智力测验。

（4）对测验编制者来说，常模的选择主要基于对所要施测的总体的认识。团体常模团体必须能够代表所要研究或施测的总体，具体工作包括：确定一般总体、确定目标总体、确定样本。

（5）对测验的使用者来说，要考虑的问题是，现有的哪个常模团体最适合。标准化测验通常提供许多原始分数与各种常模的比较转换表。有时能够适用的常模团体不止一个。

（6）常模团体的成员。

（二）条件

（1）群体的构成必须明确界定。

（2）定义常模团体的标准（变量）有：性别、年龄、职业、教育水平、社会经济地位、种族等。

（3）常模团体必须是所测群体的代表性样本。

（4）样本大小要恰当：取样误差与样本的大小成反比。

样本大小一般30～100，全国性2000～3000，最好为题量的5倍；样本大小适当的关键是样本要有代表性。

（5）标准化样组是一定时空的产物。

五、取样方法

取样：是指从总体（目标人群）中选择有代表性的样本。

分类：随机取样、非随机取样。

具体取样方法：

1. 简单随机取样

概念：总体中每个个体均有独立的等概率被抽取的可能。

常用方法：抽签法和随机数字法（如从50随机选取10人）。

2. 系统取样

概念：假设总体数目为N，选择1/K的被试作为样本，则样本的大小（n）为：n=N×1/K（K=N/n）给被试编号，按组距K分段，每段取1人。

注意事项：要求目标总体无序可循，也无等级结构存在。例如：从40人中抽取5人，从第3号开始抽取，为3、11、19、27、35。

3. 分组取样

如：按个方面条件基本相同的学校取样。

适用于：总体数目大，而且群体有多样性，将群体分组，在组内随机取样。

注意事项：要求尽可能减小组间差异，尽量加大组内差异。

4. 分层取样

方法：将目标群体按某种变量（如年龄）分成若干层次，再从各层次中随机抽取若干被试。

特点：使各层次差异显著。同层次保持一致，增加了样本的代表性
注意事项：要求尽可能加大层次间的差异，尽量减小层次内的差异。

分类：分层比例取样、分层非比例取样：各层次的差异很大时采用。

六、常模分数与常模

常模分数：就是施测常模样本后，将被试者的原始分数按一定规则转换出来的导出分数。

原始分数：是指被试者的反应与标准答案相比较而获得的测验分数。

导出分数：原始分数本身没有多大意义，必须有一个参照标准才行，在心理测验中，这种标准是由原始分数构成的分布转换而来的分数，叫导出分数。导出分数具有一定的对照点和单位，它实际上是一个有意义的测验量表，它与原始分数等值，可以进行比较。

常模：就是常模分数构成的分布，它是解释心理测验分数的基础。

一般常模：常为测验指导书上列出的常模。

特殊常模：为非典型群体建立的，如某个单位。特殊常模的建立方法：根据样本的原始分数制作次数分布图，再计算出导出分数，最后制成转换表。

七、常模类型

（一）发展常模

就是根据不同年龄上各种发展水平的人的平均表现（如智力、技能、感觉运动等方面的发展水平）所制定的量表。

1. 发展顺序量表

与发育正常的儿童相比，按年龄评定一个儿童的心理发展水平。

（1）葛尔塞发展程序量表：按月份显示发育正常儿童在运动水平、适应性、语言、社会性四个方面的发展水平，以此作为标准，评定个体的发展水平。强调儿童早期行为的发展是有规律的。

（2）皮亚杰的发展理论——对守恒概念的研究：5岁时才会理解质量守恒；6岁才会掌握重量守恒；7岁时才有容量守恒概念（守恒：是指两种等量的物体，只要无增无减，无论怎么组合，它们在质量、重量、长度、数量及容量等方面仍然是相等的）。

2. 智力年龄（个体的智力所达到的年龄水平——智龄）

智力年龄是指一个儿童在年龄量表上所得的分数。

（1）比内–西蒙智力量表——首先使用智力年龄的概念。

智龄是年龄量表上度量智力的单位。编制出可区分各年龄儿童的智力水平的测题，这些测题的难度随年龄而逐渐加大。

（2）为每个年龄水平都编制一些适当的题目，其中的每个测题是该年龄组大部分儿童都能完成的。以智力年龄（智龄）作为度量智力的单位。

（3）智力年龄的计算方法：

范例：吴天敏修订的比内–西蒙智力量表：每个年龄组各有6个测题，每答对一题增加智龄2个月，先确定基础年龄（智力量表中全部被通过的那一组测题所代表的年龄）。例如：六岁组的测题全部答对，更高年龄组的测题只有部分答对，或都未通过，则基础年龄为六岁，再求答对的更高年龄组上的测题数量，每答对一题增加智龄 2 个月。

智力年龄 = 基础年龄 + 更高年龄组上通过的测题数量所代表的智龄增长的月数

3. 测定智力年龄的另一种方法——测题不分年龄组

以标准化样本中每个年龄组的平均分数作为年龄常模，将个人的原始分数与年龄常摸作比较，计算其智力年龄。

4. 年级当量——实际上就是年级量表

将一个学生和同年级学生相比。年级量表的单位通常为 10 个月间隔（故 10 个月为一个学年）。

（二）百分位常模

1. 百分等级

（1）它是应用最广的表示测验分数的方法；

（2）一个测验分数的百分等级是指在常模样本中低于该分数的人数百分比；即百分等级指出的是个体在常模团体中所处的位置，百分等级越低，个体所处的位置就越低；

（3）分类：未分组资料的百分位数：计算：$PR=100-(100R-50)/NR$ 是原始分数排列顺序，N 是指总人数（样本的总人数）、分组资料的百分等级。

2. 百分点（百分位数）

它是计算处于某一百分比例的人对应的测验分数是多少；是分数量表上相对于某一百分等级的分数点，又称百分位数（PP）根据直线内插法计算（举例：高考成绩）：

（100-百分等级）/（最高分-PP）=（百分等级-1/PP-最低分）

原始分数和百分等级可互相转换，由此编制的原始分数与百分等级的对照表，称为百分位常模。

3. 四分位数和十分位数

（1）四分位数：将分数量表分成四等份，相当于百分等级的 25%、

50% 和 75% 三个百分点分成的四段；

（2）十分位数：将分数量表分为十段：10%、20% 等。

八、标准分数

（1）它是将原始分数与平均数的距离以标准差为单位表示出来的量表；

（2）其基本单位是标准差；

（3）常用的标准分数有：z 分数、Z 分数、T 分数、标准九分数、离差智商（IQ）等。

（4）分类。

1. 线性转换的标准分数

（1）适用于正态（常态）分布的数据资料；

（2）z 分数为最典型的线性转换的标准分数；

（3）z 分数：$z = (X - M)/SD$

X 为任一原始分数，M 为样本平均数，SD 为样本标准差。

z 分数可以用来表示某一分数与平均数之差是标准差的几倍。

（4）转换后的 Z 分数：$Z = A + Bz$

Z 为转换后的标准分数，A、B 为根据需要指定的常数；加上一个常数是为了去掉负值，乘以一个常数是为了使单位变小而去掉小数点；加或乘一个常数并不改变原来分数间的关系。

2. 非线性转换的标准分数

（1）原始分数不是常态分布——使之常态化（常态化过程是非线性的）；

（2）常态化过程主要是将原始分数转化为百分等级，再将百分等级转化为常态分布上相应的离均差，并可以表示为任何平均数和标准差。

（3）计算步骤

1）对每个分数值计算累积百分数。

2）在常态曲线面积中，求出对应的该百分比的 z 分数。

所得的 z 分数可将分布分成几部分，称之为 z' 分数，以区别线性转换所求得的 z 分数。

与线性导出分数一样，常态化标准分数也可以被转化为任何方便的形式，并可用以下表示：

3）T 分数——以 50 为平均数（即加上一个常数 50），以 10 为标准差（乘以一个常数理 10），即：T=50+10z'（平均数为 50，标准差为 10）。

4）标准九分：其量表是个 9 级分数量表（平均数为 5，标准差为 2）。

5）标准十分——平均数为 5.5，标准差为 1.5。

标准二十分——平均数为 10，标准差为 3。

（使用最广、影响最大的一种常态化标准分数是离差智商）

建立标准分数常模步骤？我们要为性能优良的测验建立标准分数常模步骤：①从明确界定好的该测验应该测查的被试总体中，抽取一个容量足够大的代表性样组，即建立起常模组（常模团体）；②对该代表性样组按应有规范施测该测验，获得代表性样组中每一被试的测验分数，即得到常模团体的测验分数组③求取常模团体测验分数组的平均数与标准差，按公式求取从 –3.000 到 3.000 这一区间上若干个点的标准分数（Z 值）跟测验原始分数的对照表，就得到了标准分数常模表。

九、离差智商及含义

在最早的比内—西蒙智力测验中没有智商的概念，只用"心理年龄"（MA）来表示被试智力的高低。目前一般都用比率智商和离差智商来表示智力的高低。

（1）比率智商（IQ）：为心理年龄（MA）与实足年龄（CA）之比。为避免小数，将商数乘以 100。计算公式 $IQ=MA/CA \times 100$

如果一个儿童的心理年龄等于实足年龄，他的智商就 100。IQ 等于 100 代表正常的或平常的智力。比率智商并不适合于年龄较大的被试。

（2）离差智商：是一种以年龄组为样本计算而得的标准分数。

韦克斯勒将离差智商的平均数定为 100，标准差为 15；离差智商表示的是个体智力在年龄组中所处的位置；是表示智力高低的一种理想指标。

计算公式：$IQ=100+15z'=100+15（X-M）/SD$

X 表示被试的量表分数，M 表示被试所在年龄水平的平均量表分数，SD 表示这一年龄水平被试的量表分数的标准差。将原始分与 IQ 值的对应关系计算出来作为常模表（P344 表）。

韦克斯纳：平均数定为 100，标准差为 15

斯 – 比测验：平均数为 100，标准差为 16

十、表达方法

1. 转换表法

它最简单而且最基本的表示常模的方法。

（1）一个转换表显示出一个特定的标准化样组的原始分数与其对应的等值分数——百分位、标准分数、T 分数或其他任何分数。利用转换表可将原始分数转换为与其对应的导出分数，从而对测验的分数作出有意义的解释。

（2）简单的转换表就是将单项测验的原始分数转换成一种或几种导出分数。复杂的转换表通常包括几个分测验或几种常模团体的原始分数与导出分数的对应关系。

2. 剖面图

它是将测验分数的转换关系用图形表示出来。可以很直观地看出被试在各分测验上的表现及其相对位置。

标准差代表一组数据的离散程度，如一个班内学生数学成绩的离散程度从理论上说，心理测量数据一般服从为正态分布，或接近正态分布。正态分布曲线的形状取决于标准差，但曲线下的面积始终为

1个单位在心理测量中，个体在团体中的相对位置，以 Z 分数的大小表示，而 Z 分数是标准差作为单位，既以包含几个标准差表示个体分数与总体平均分数的距离，而不是用两者的绝对分数之差表示表示个体在团体中的相对位置。根据 Z 分数可确定低于或某或高于某个分数的人数比例，也可以对不同的测量结果进行比较心理统计基本知识。